NORD

Mit dem Ballon über Ostdeutschland

Martin Ahrends
Michael Albrecht
Karl Johaentges
Jan Oelker

Die Deutsche Bibliothek - CIP-Einheitsaufnahme

Mit dem Ballon über Ostdeutschland / Karl Johaentges;
Martin Ahrends - Hannover: KaJo, 1991
ISBN 3-925544-07-0
NE: Johaentges, Karl; Ahrends, Martin

Gestaltung + Layout:	Karl Johaentges, Hannover
Karte:	Liselotte Lüddecke, Hannover
Korrekturen:	Uli Zimmermann, Frankfurt Ortrud Brinkmann, Hannover Gertrud Kortlang, Barsinghausen
Satz:	Lichtsatz Wallier, Hannover
Reproduktionen:	scan trend, Brümmer & Partner, Offenbach Fröhlich Repro, Hannover
Druck:	SOAK-Druck, Hannover
Gedruckt auf:	Heidelberger Speedmaster 102 VP

Titelfoto des Umschlags:	Dorfkirche von Vilmnitz auf Rügen
Foto Rückseite:	Landung in den Elbauen bei Magdeburg
Vorsatzpapier:	Strand von Ahlbeck auf Usedom
Foto Seite 59:	Jan Oelker
Foto Seite 191:	Gerd Klintworth

Printed in Germany ISBN 3-925544-07-0
1. Auflage 1991
2. Auflage 1992 (11.-18. Tausend)
3. Auflage 1994 (19.-24. Tausend)

Leica-Foto

KaJo-Verlag, Hannover
Sortimentsauslieferung:

Deutschland:	ILH-GeoCenter, 7000 Stuttgart
Schweiz:	Buch 2000 c/o AVA, CH-8910 Affoltern
Österreich:	Robo-Verlag, A-1060 Wien

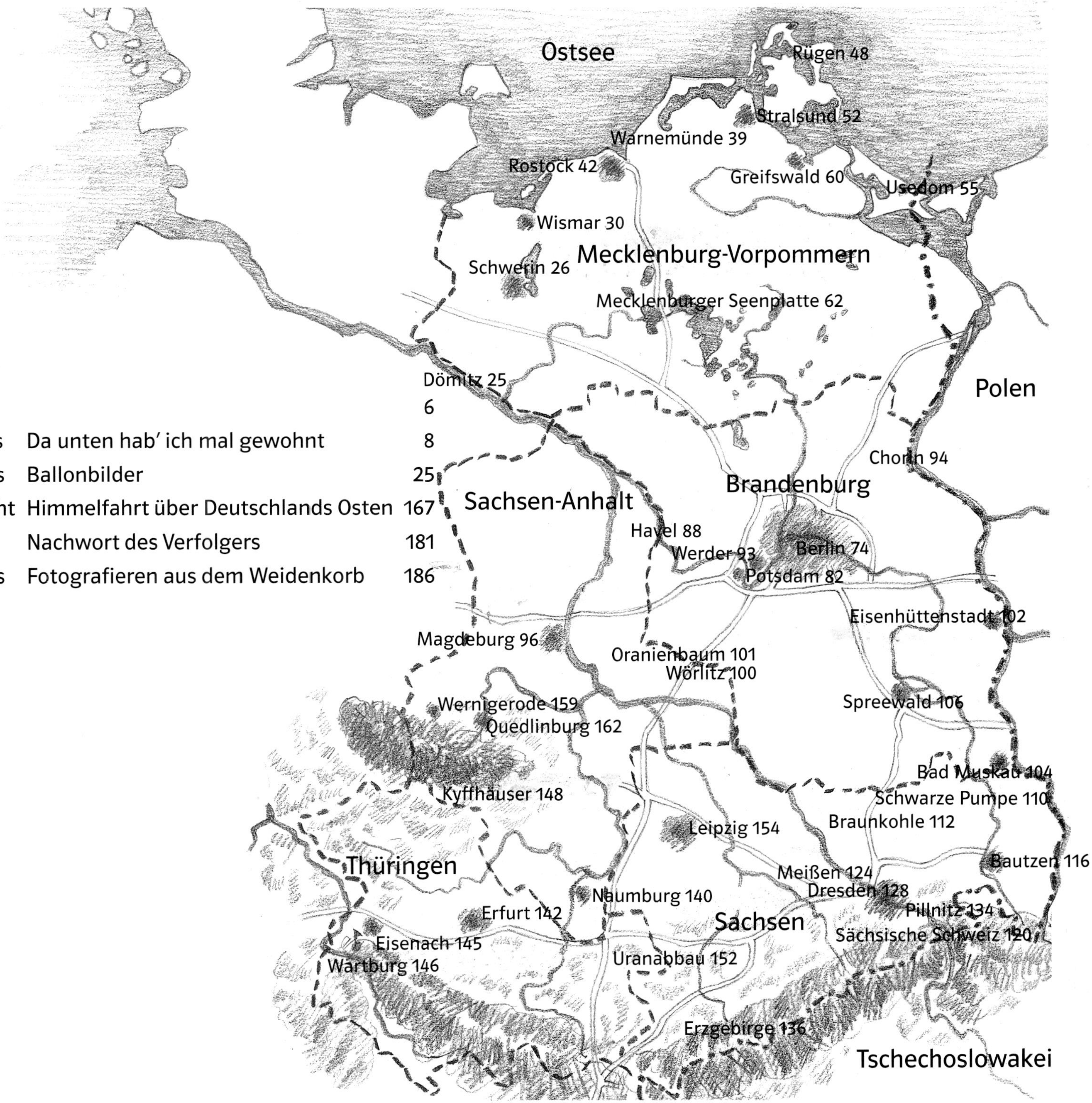

Vorwort		6
Martin Ahrends	Da unten hab' ich mal gewohnt	8
Karl Johaentges	Ballonbilder	25
Michael Albrecht	Himmelfahrt über Deutschlands Osten	167
Jan Oelker	Nachwort des Verfolgers	181
Karl Johaentges	Fotografieren aus dem Weidenkorb	186

Vielen Dank

An dieser Stelle möchte ich all' denen danken, die zum Gelingen dieses Bildbandes beigetragen haben: An erster Stelle mein Dank an die Norddeutsche Landesbank, vor allem an Dr. Detlef Marquardt und Gottfried Buchs, die durch ihr Engagement diesen Bildband erst ermöglicht haben. Denn ohne den Heißluftballon der NORD/LB, den sie mir für dieses besondere Buchprojekt zur Verfügung stellten, wäre ich als Fotograf erst gar nicht an den ostdeutschen Himmel gekommen. Dank auch an Peter Gärtner in Berlin, der mithalf, das Projekt anzuschieben und beratend zur Seite stand.

Mein Pilot Michael Albrecht hat mit seinem Team in bewundernswertem Einsatz dafür gesorgt, daß ich zur rechten Zeit mit bestem Licht über die gewünschten Orte schwebte. Ein solches Ballonprojekt erfordert nicht nur einen erfahrenen Piloten, sondern auch zahlreiche Helfer, die mit anpacken, aufrüsten und verfolgen. Jan Oelker aus Dresden war unser „1. Verfolger“ und Heimatführer für uns 'Wessis', der mit größtem Elan dafür sorgte, daß unser 'Plansoll' auch 'Planerfüllung' wurde. Daneben arbeiteten in diesem Zeitraum folgende Personen im Verfolgerteam: Gabi Hesse, Ralf Terber, Johannes Brüssig, Andreas Hesse, Stephan Kuck, Frank Fütterer, Kerstin Albrecht, Gabi Kratzberg, Gerd Klintworth, Kamrouz Kianouir und Ulrich Wannhoff.

Jackie (die in Gedanken schon in Schottland weilt) möchte ich an dieser Stelle besonders für ihre Geduld danken, denn dieses Projekt war, besonders nach der Verzögerung durch meinem schweren Unfall im September 1990, sehr kräftezehrend.

Das Wetter ist die unsicherste Komponente beim Ballonfahren. Michael Albrecht löcherte mit seinen Fragen nach möglichem Bodennebel, nach der Lage nahender Tiefausläufer, Schlierenwolken und Windrichtungen über ein Jahr die Kollegen der Flugwetterwarte Hannover und der Flugwetter-Beratung in Berlin-Schönefeld. In Hannover standen uns Wolfgang Bartels, Eckhard Buttelmann, Manfred Hässner, Rudolf Miche, Werner Pollmann und Bernd Zellmer mit ihrem Rat zur Seite. In Berlin-Schönefeld sagten uns über zehn „Wetterfrösche“ nach Kräften bestes Wetter voraus. Stellvertretend für alle an dieser Stelle: Christa Schäcke und Irina Hertel.

Nicht vergessen wollen wir auch die Mitarbeiter der ehemaligen INTERFLUG, Klaus Ramlow und Hermann Otto, die uns mit persönlichem Einsatz schon im März 1990 Türen öffneten, die wir noch fest verschlossen wähnten. Besonderen Dank auch an Frau Wöllner vom Luftamt der Senatsverwaltung Berlin und Herrn Frank von der Bundesanstalt für Flugsicherung für ihr Verständnis. Im Weiteren sei Stadtrat Dähn vom Bezirksamt Berlin-Mitte gedankt, der sich dafür einsetzte, daß unsere Genehmigung für einen Start vom Brandenburger Tor nicht im bürokratischen Getriebe des Tiefbauamts Berlin-Mitte hängenblieb.

Für die erhaltene Gastfreundschaft und Hilfestellung während unserer zahllosen Kreuzfahrten in Ostdeutschland möchten wir danken: Reiner Bauer, Quedlinburg; Achtar Gambari, Dresden; Kerstin und Rainer Grötzschel, Dresden; Familie Oelker, Cottbus; Bettina Halisch, Dresden; Carmen und Horst Laube, Dresden; Ines und Hartmut Lembke, Hartwigsdorf; Birgit und Frank Müntzner, Potsdam; Cord Bahlburg und Elli Begoin, Berlin.

Für Rat und Kritik bei der schwierigen Auswahl der Bilder sei unseren Freunden Dagmar, Hethe, Ulrike, Achim, Thomas, Bernhard, Jürgen, Anja, Ulrike, Micha, Magrit, Renate, Werner und Martin gedankt.

Natürlich dürfen auch die fleißigen Geister in der Produktion in dieser Dankesliste nicht fehlen: Jackie Blackwood, Margrit Seifert und Renate Rossmann im Verlag. Und schließlich sorgten Uli Zimmermann, Ortrud Brinkmann und Gertrud Kortlang für korrekteTextfahnen, Klaus Druhmann für ein exzellentes Schriftbild, Arja Brümmer und Frau Lienert, Jochen Küster und Jörg Buch für qualitätvolle Lithos, Werner Sanewski, Axel Techner, Natalija Steinwedel, Beate Thies, Karl und Christel Nolle für guten Druck.

Vorwort

Die „DDR" war für mich immer etwas Fremdes, ja Abstraktes, „weit weg", schwer zu erreichen und unbekannt – irgendwie Ausland. Hongkong war mir vertrauter als dieses Berlin-Ost, Hauptstadt dieser DDR, die ich fast ausschließlich aus der Perspektive der Transit-Autobahn kannte.

Als mich die Norddeutsche Landesbank im März 1990 bat, die Teilnahme ihres Heißluftballons am ersten ostdeutschen Ballontreffen zu fotografieren, lockte mich nicht nur die Aussicht auf eine Ballonfahrt. Magdeburg, diese Stadt, diese Silhouette neben der Transitstrecke – aus der Luft! Das war für mich eine Sensation, so wie ein Flug zum Mond, und wir fühlten uns im Korb fast wie Entdecker, blickten in Kasernen der Volksarmee, in die winterleeren Swimming-Pools des Mittelstandes und auf öde 'Grün'-Flächen moderner Wohnsiedlungen.

Am Tag der ersten freien Wahlen in Ostdeutschland seit fast sechs Jahrzehnten flogen wir von einem Agrarflugplatz über einige Satellitenvororte; das Zentrum mit dem Dom war im Dunst kaum auszumachen. Auf dieser Fahrt über die Tristesse von Magdeburg entstand die Idee zu diesem Bildband. Ein Buchprojekt mit zahllosen Hürden. Ausflüge in die DDR waren nun zwar visa- und zwangsumtauschfrei, die Vogelperspektive blieb jedoch weiterhin restriktiv und unbekannt – für uns *Wessis* ebenso wie für die *Ossis*.

Langsam und in niedriger Höhe mit einem Heißluftballon über eine Landschaft zu schweben gehört zu den schönsten Erlebnissen überhaupt. Dies gilt besonders für die ehemalige DDR. Denn aus der Vogelperspektive zeigt sich ein völlig unbekanntes Deutschland: alte Dörfer und Stadtkerne, die noch nicht durch Neubauten und moderne Stadtsanierungen zerrissen sind und vieles noch im Nachkriegszustand präsentieren. Darüber wird allenthalben geklagt, es beinhaltet jedoch auch neue Perspektiven.

Leidenschaftliche Ballonfahrer werden feststellen, daß ich hier *Fahren* und *Fliegen* verwechsele, eine „Todsünde" im Lager der Montgolfieren. Ich weiß natürlich, daß ein Ballon nicht 'fliegt', sondern 'fährt'. Das bestimmt nicht der Duden, sondern eine deutsche DIN-Norm. Denn ein Fahrzeug, das mehr an Masse von dem Medium (in dem es sich bewegt) verdrängt, als es selber wiegt, das fliegt eben nicht – das fährt. Verstanden? Da aber im Ausland – ob England, USA oder Frankreich – ein Ballon immer 'fliegt', vertraue ich auf die internationale Solidarität.

Nachdem wir im Sommer 1990 nach langwierigen Anträgen die Luftgenehmigung „rote no. 180/90" erhalten hatten, konnte es losgehen. Insgesamt haben wir fast eineinhalb Jahre (nur unterbrochen durch meinen schweren Arbeitsunfall) intensiv an diesem Buch gearbeitet. Davon waren wir zweieinhalb Monate auf Achse, legten mit unserem VW-Bus mit Anhänger über 30 000 Kilometer auf schlaglochübersäten, gefährlichen, von wildgewordenen Ex-Trabi-Fahrern bevölkerten DDR-Straßen zurück. So manche Nacht verbrachten wir auf der gefürchteten A 2 oder im Schlafsack irgendwo auf einem abgeernteten Acker. Und waren schließlich „nur" knapp 50 Stunden in der Luft, um dieses Buch zu fotografieren. Vielleicht heißt es ja deshalb „Ballonfahren".

Herausgekommen ist ein recht plastisches Mosaik des deutschen Ostens. Mit Erhebungen und Senken und so genau, wie es ein Ballon mit seiner notorischen Ziellosigkeit eben erlaubt. Eine Reise durch Träume und Alpträume der neuen Bundesländer.

Zugegeben, aus der Luft, im warmen Abendlicht, sieht auch eine zerfallende Stadt wie Bautzen wunderbar romantisch aus und läßt die katastrophale Lage im Osten vergessen. Übertünchen und Schönmalen ist jedoch nicht Ziel dieses Bildbandes, es würde auch nicht überzeugen. Andererseits versperren die gewohnten Bilder des Zerfalls auch nachhaltig den Blick in die Zukunft, lassen zu pessimistisch denken. Deutschlands Osten, das ist nicht nur Ödnis, Stasi-Nachlaß und Bitterkeit, nicht nur Bitterfeld, Leuna oder Eisenhüttenstadt.

Wir haben versucht, dieses gewaltige 'Potential' der fünf neuen Bundesländer neu zu entdekken: die vielen noch unverbrauchten Landschaften und gewachsenen Wohnstrukturen historischer Städte, die zu erhalten, in die sinnvoll und mit Bedacht zu investieren, sich für uns Deutsche lohnt. Auch wenn es Abermilliarden kostet.

Für mich ist dieser Bildband auch ein Versuch, Luftfotografie und klassische Landschaftsfotografie miteinander zu verbinden. (siehe Erläuterung im Anhang). Der Bericht meines Piloten Michael Albrecht vermittelt sehr anschaulich, wie schwierig dieses Unterfangen war und was es heißt, zum richtigen Zeitpunkt, im richtigen Licht über dem richtigen Ort zu sein. Auch Jan Oelker, unser „1. Verfolger", erfahrener Ost-Globetrotter, unser 'Ossi' und 'Heimatführer' soll zu Wort kommen.

Mit Martin Ahrends konnte ich einen äußerst kompetenten Autoren für die Einführung des Lesers in den deutschen Osten gewinnen. 1984 mit Frau und Kindern aus der DDR ausgereist, ist er für mich der ideale Typ eines 'Wossis', der mehr als drei Jahrzehnte in der DDR lebte und arbeitete und sicherlich besonders gut in der Lage ist, dem Leser (ob Ossi oder Wessi) diesen Teil Deutschlands aus östlicher und westlicher Sicht näherzubringen.

„Glück ab!" – wünschen wir als Ballonfahrer und viel Spaß mit dem Ballon über Deutschlands Osten!

Karl Johaentges, im September 1991

Fernblick vom mobilen Aussichtsturm auf das Schweriner Schloß

Martin Ahrends

Da unten hab' ich mal gewohnt!

DDR von oben – das war der schlechthin verbotene Blick. Auslandflüge waren unerschwinglich, Inlandflüge gab es kaum, erst recht keine privaten. Und wer von Berufs wegen flog, hatte sich strengster Überprüfung auf politische Zuverlässigkeit zu unterziehen. Fliegen – das war für die allermeisten DDRler ein unerfüllbarer Traum. Und der Luftraum hatte etwas magisch Anziehendes, denn er war unbegrenzt.

Immer wieder haben es DDR-Insassen versucht, durch die Luft zu entkommen: mit einem dieser einmotorigen Agrar-Flugzeuge, die gebraucht wurden, um die riesigen Latifundien der landwirtschaftlichen Produktionsgenossenschaften mit Pestiziden einzuregnen. Oder mit einem Segelflugzeug, das dann doch schon vor der Grenze niederging. Oder auch mit selbstgebautem Fluggerät, das selten vom Boden abhob und das man im besten Falle ungesehen wieder daheim verbergen konnte.

All die vergeblichen Versuche sind im Westen aus naheliegenden Gründen kaum publik geworden. Schlagzeilen hingegen hat die Flucht einer fünfköpfigen Familie mit einem selbstgebastelten Heißluftballon gemacht. Sie haben es geschafft, einen heimlichen Traum vieler Eingemauerter wahrzumachen. Sie haben sich in die Lüfte erhoben, dorthin, wo auch eine DDR offen war und Freiheit verhieß.

Am Tag nach dem gelungenen Überflug war in einem Ostberliner Rundfunksender ein alter Schlager zu hören: „Schenk mir einen bunten Luftballon". Der zuständige Redakteur wurde deswegen zur Verantwortung gezogen. Nun hatten auch die Sicherheitsorgane mitbekommen, daß ein Ballon ein subversives Symbol werden kann.

Ob in Schlagertexten, in Romanen, ob auf Kinoplakaten, in Kinderbüchern oder auf Plattentaschen: in der DDR verwies ein Ballon tatsächlich auf subversives Gedankengut.

Das Land war ja an manchem arm, reich war es an unerfüllbaren Wünschen, die sich niederschlugen in Niedergeschlagenheit oder sich aufbäumten in Gedichten, in Theaterstücken oder anderen trutzigen Widerständeleien. Den Westlern erschien dieses Land verträumt und war tatsächlich ein Land zum Träumen. Man hatte sich daran gewöhnt, daß Träume nicht zu erfüllen sind; sie konnten einen aber über die Enge hinaustragen, in der man sich im übrigen wohnlich eingerichtet hatte. In ungezählten Visionen, in Nacht- und Tagträumen ist dieses Land schon überflogen worden. – Und wenn man es heute überfliegt, hupen drunten die Autos zum Gruß, die Kinder kommen aus der Schule gerannt, sie winken und rufen: Ein Ballon, ein Ballon!

Die Bilder von oben werden für einstige DDRler wohl etwas Unwirkliches, etwas Traumhaftes behalten. Was bedeuten sie dem westlichen Betrachter? Ist das der Blick des Eroberers, der die Neuen Länder als menschenleere Landschaft sehen will? Als Neuland, das es nun zu pflügen gilt? Oder ist es der scheue Blick dessen, der lieber nicht zu genau hinsehen will, wo noch so vieles im argen liegt dort drunten? Es ist eine Sicht auf Deutschland, die Ostler und Westler trotz ihrer derzeitigen Animositäten miteinander teilen könnten.

Im Überfliegen eröffnen sich überraschende Perspektiven, man gewinnt Überblick und hat wieder das Ganze vor Augen. Der Blick von oben muß nicht oberflächlich sein. Er zeigt eine Landschaft, in der die Mauer nie mehr war als ein lächerlich schmaler Kratzer. Es ist kein überheblicher Blick, er könnte über das kleinliche Ost-West-Hickhack hinweghelfen; ein Blick ins Weite, auf das, was hinzugekommen ist und das Ganze nachhaltig prägen wird.

Im Westen wird der Osten als eine wenig zersiedelte Landschaft gepriesen, Dörfer und Straßen sähen noch aus wie anno dazumal. Ist die Zeit stehengeblieben dort drüben? Das nicht, sie hatte aber wohl ein anderes Maß. Die DDR – eine nachgemachte Industriegesellschaft ohne deren angeborene Effektivität und Zeitnot. Jeder hatte Arbeit, und ein beliebter Spruch hieß „Privat geht vor Katastrophe". Gemeint war das Privatleben, nicht die private Wirtschaft, denn die gab es nicht. Da auch die meisten Wohnbauten in staatlicher Hand waren und von den spottbilligen Mieten nicht erhalten werden konnten, verfiel, was durch notdürftige Flickereien der Mieter nicht am Verfall zu hindern war.

„Ruinen schaffen ohne Waffen – 40 Jahre DDR" – das war eine der frechen Losungen vom Herbst 89, als die vierzig DDR-Jahre eben zu Ende gingen. Der Anblick dieses Verfalls hat etwas Trostloses und ernüchternd Ehrliches. Wie die qualmenden Schlote der Braunkohlekraftwerke und die Abgaswolken der üblichen Zweitaktgefährte das große Manko der Industriegesellschaft viel offensichtlicher machen als Autos und Industrieanlagen westlicher Herkunft. Da ist nichts geschönt, da ist alles so, wie es ist. Eine schlichte Kultur, die ihre Wunden und Versehrungen nun ebenso unverholen herzeigt wie ihre Paradiese. Da gibt es keine privaten Areale: Seen, Parks und Schlösser stehen jedermann offen – bis zur Klärung alter und neuer Besitzansprüche.

Das andere Zeitmaß, die „stillgestandene Zeit", wie sie mit Bezug auf die paramilitärische Organisation des öffentlichen Lebens auch genannt wurde, wird der Besucher inzwischen vergeblich suchen. Man muß im Osten schleunigst aufholen, was der Westen in den letzten Jahrzehnten geschafft hat; die alte Beschaulichkeit ist dahin, die eingedickte Zeit, die Verschlafenheit. Auch die Schlamperei, die Muffigkeit, die Ödnis. Segnungen und Enttäuschungen des Westens wollen erfahren und verarbeitet werden. Und wer großes Glück hat, verliert dabei nicht den Überblick, den Blick über die Dächer hin, den Wolken nach, die noch das alte Zeitmaß haben.

Dem Ballon nach, der eben über Rügen eingeschwebt ist von wer weiß woher. Blendend weißes Rügen, das wie ein Ozeanriese in die Ostsee sticht mit seinem steilen Kreidefelsen. Weißes Rügen, das dem Ballon entgegenleuchtet mit seiner nördlichen Steilküste. Rügen, das auch für Seefahrer seit je eine besondere Anziehungskraft hatte.

Die Insel hat eine ins fünfte Jahrhundert vor Christus zurückreichende, bewegte Besiedlungsgeschichte; die Rugier waren dort, die Slaven dann, deren Fürsten unter dänischer Hoheit standen. 1325 kam Rügen

zu Pommern, 1648 fiel es an Schweden. 1815 zogen die Preußen ein, seit dem letzten Krieg und der Neugliederung der deutschen Länder gehört Rügen zu Mecklenburg. Es gibt einige Ausgrabungsstätten auf der Insel, die auch dem Feriengast Betätigung anbieten. Wer Interesse hat, alte Scherben und Knochen aus dem Mergel zu kratzen oder gar das Skelett eines Wikingerschiffes mit dem Spachtel freizulegen, findet ein reiches Betätigungsfeld.

Das wellige Land bietet ganz verschiedene Landschaftscharaktere. Die Stubbenkammer ist Rotbuchenrevier, Naturschutzgebiet mit seltenen Orchideenarten, mit Seeadlern, Lurchen, großem Rot- und Damwildbestand. Caspar David Friedrich hat das Majestätische der Gegend festgehalten; an jedem Kiosk bekommt man sein Kreidefelsen-Bild als Postkarte zu kaufen. Zicker im Südwesten der Insel ist eine liebliche Hügellandschaft mit Schafweiden und kleinwüchsigen Kiefern; lange, flache Strände ziehen Familien mit kleinen Kindern an, der lange Schabe-Strand ist auf weite Strecken für Nacktbader reserviert. Viele Rügener Strände sind nicht nach westlicher Art touristisch „erschlossen", sie sind weithin naturbelassen und bieten nicht mehr als Sand und Luft und Wasser. Man erreicht sie zu Fuß auf schmalen Sandwegen, die durch die Dünen führen zwischen verwachsenen, windflüchtigen Kiefern hin. Die Strände sind nur selten ausgeschildert oder abgesperrt; man kann sie „entdecken" und für sich erobern. Man hat nicht ständig das Gefühl, auf ausgetretenen Wegen zu gehen.

Auch die kleinen Seestädte sind alles andere als mondän und überfüllt. Binz, Lohme, Sellin – das waren auch zu Großmutters Zeiten schon Badeorte; mit ihren niedrigen, weißgetünchten Kurbauten haben sie den Charme von einst bewahrt. Ahlbeck auf der Insel Usedom hat noch eine guterhaltene Seebrücke, die unsere Vorfahren bauten, um in die See wie in eine Badewanne einzusteigen.

Sehenswert ist auch Putbus; ein schwedischer Kammerherr hat da um 1810 einen Badeort nach dem Vorbild der ersten Ostseebäder Bad Doberan und Heiligendamm enstehen lassen, eine am Reißbrett entworfene Residenzstadt mit Schloß, Theater, Badehaus, Orangerie, mit einer höheren Schule und Villen, einheitlich im klassizistischen Stil. Das Schloß ist nach stetigem Verfall erst 1962 abgerissen worden, geblieben ist ein sehenswerter Park. Geblieben sind auch diese Kulissen-Häuser mit den viel zu prächtigen Fassaden, die nicht nach den Bedürfnissen ihrer Bewohner, sondern nach den ehrgeizigen Bauvorschriften des Kammerherren errichtet worden sind. Das adlige „Möchtegern" gehört zu Putbus; es gab der Stadt in sozialistischen Zeiten eine merkwürdig ironische Atmosphäre.

Wo doch alles so schlicht ist auf dieser Insel: die reetgedeckten Fischerkaten, die Backsteinkirchlein, die Heringsmahlzeiten. Jede Übertreibung, jeder Größenwahn machen sich hier unweigerlich lächerlich.

Größenwahn und Kleinlichkeit wohnen nahe beieinander. Der „erste sozialistische Staat auf deutschem Boden" duldete an seinen Ostseestränden keine Luftmatratzen. Weil: Damit hatte schon mal jemand Republikflucht begangen. Die See war weit und offen, und war in ihrer Weite und Offenheit eigentlich eine Illusion. Zusehen, wie vom hochumzäunten Warnemünder Hafen die Fähre abfuhr nach Schweden – das war kaum zumutbar. Einmal kamen wir ganz begeistert von einem Abendspaziergang zurück: Wir hatten Schwedens Lichter gesehen, hinten am Horizont. – Die Einheimischen haben uns nur ausgelacht: „Das ist nicht Schweden, ihr Dösbaddel, das ist die Grenzpatrouille!"

Mit dem Rügendamm über den Strelasund ist die größte und wohl schönste deutsche Insel ans Festland gebunden. Hier ist das mittelalterliche Stralsund gelegen, eine Lübeck nicht unähnliche Stadtanlage, allerdings schwer geschädigt. Von oben her kann man sehen, daß Stralsund rings von Wasser umgeben ist. Die Stadt ist vom Wasser her und zum Wasser hin gewachsen, geduckt und trutzig scharen sich ihre roten Dächer um die Kirchen, und ihr Backstein leuchtet feurig auf im Abendlicht. Die Kirchenschiffe und Türme von St. Nikolai,

Jacobi und Marien setzten wuchtige Akzente. Düster ist diese Stadt und hat viel Licht. Sie nimmt den Besucher seltsam gefangen mit ihrer Enge und Offenheit; eine der ersten Hansestädte und ein seltenes Beispiel architektonischer Geschlossenheit.

Von der Hansestadt Rostock ist längst nicht so viel übriggeblieben nach dem letzten Krieg, dafür ist es hier besser gepflegt worden. Rostock war mit der Warnowerft und dem Überseehafen *die* Hafenstadt der DDR; beides ist nun im vereinten Deutschland nicht mehr ganz so wichtig wie vordem. Landeshauptstadt von Mecklenburg-Vorpommern ist Rostock auch nicht geworden. – Was dem Touristen bleibt, ist ein großer Zoo, ein paar schöne Wege durch die Altstadt, ein renommiertes Theater und: der kurze Weg nach Warnemünde oder nach Bad Doberan. Und da ist es dann richtig gemütlich.

Wie in Rostock stehen auch in Greifswald Quasi-Altbauten anstelle abgerissener Häuser in der Innenstadt, ein billiger Behelf anstatt kostspieliger Restauration und ein merkwürdiges Als-ob. Noch merkwürdiger wird sich ein Greifswalder Bauwerk am Stadtrand ausnehmen: Hier wird ein stillgelegtes Atomkraftwerk mit Milliardenaufwand „eingemantelt" – ein Industriedenkmal von besonderer Sinnfälligkeit.

Bei dieser Gelegenheit sei der Leser gewarnt: Hier schreibt ein Einheimischer, dem es natürlich nicht gelingen kann, dies Ostdeutschland im Überflug, das heißt: von oben zu betrachten. Wenn etwas Heimat geworden ist, gibt es Vorlieben und Abneigungen, dann gibt es Erinnerungen, die schwer zu unterdrücken sind. Man erwarte also nicht die Objektivität, die allen Orten und Plätzen gerecht werden könnte. Ich bin nicht unbeteiligt, wenn ich dieses Land – obschon nur mit dem Finger auf der Landkarte – überfliege. Ich kann es nicht mit der ausgewogenen Gerechtigkeit dessen betrachten, dem es gleichgültig ist.

Auf dem Weg zur jetzigen Landeshauptstadt Schwerin kämen wir mit günstigem Wind über Güstrow. Ein schönes altes Städtchen, das schon vor der Wende im

Westen bekannt geworden ist, als nämlich der damalige Bundeskanzler Helmut Schmidt den klugen Einfall hatte, seinen Gastgeber Honecker um einen Besuch bei Ernst Barlachs Skulpturen zu bitten, den er so sehr verehre. Barlachs berühmter „Schwebender“ aber hängt – nachdem ihn die Nazis geschleift hatten – wieder als Mahnmal für die Kriegsopfer im Dom. So hat Schmidt den Atheisten Honecker ganz ausnahmsweise in einen Dom gelockt, wo er sich obendrein eine Predigt anzuhören hatte. Und er hat den DDR-Insassen ein Zeichen gegeben: auf diese Kirchenräume hin, wo allerhand möglich war, was in den Institutionen des allgegenwärtigen Staates undenkbar gewesen wäre.

In den Kirchen reifte das Gegenandenken heran, das „Wieder-Stehen“, wie es der Liedermacher Krawzcyk zuletzt mutig besang. Von der Rostocker Marienkirche und ihrem Pfarrer Gauck, dem jetzigen Sonderbeauftragten für die Auflösung der Staatssicherheit, ging die erste Massendemonstration der damaligen Bezirksstadt aus. In Schwerin war es ähnlich; das letzte Publikationsorgan des Aufbruchs in Mecklenburg, der „Mecklenburger Aufbruch“, wird von einer Schweriner Pfarrerin herausgegeben. Pardon, ich will nicht sentimental werden, aber die Tatsache, daß man das herrliche Schwerin als Westler jetzt aus der Nähe oder auch von oben besehen kann, daß man dort hinziehen, dort arbeiten und sozusagen „leben“ kann, hat mit diesem geistigen Aufbruch zu tun, der nun beinahe spurenlos übergegangen ist in einen wirtschaftlichen Aufschwung. Was ja auch nicht schlecht ist, nur eben nicht ganz so aufregend.

Nach wie vor aufregend ist das Schweriner Schloß. Sein heutiges Aussehen hat es seit einem Umbau (1857 beendet), der einem Neubau gleichkam und der französische Schloßbauten der Renaissance zum Vorbild hatte. Das „Neo-Schloß“ vereint ganz verschiedene Stilelemente und macht dennoch einen harmonischen Eindruck. Ein „Lust-Schloß“, weil ihm anzusehen ist, mit welcher Lust sein Architekt (G. A. Demmler) mit den überkommenen For-

men gespielt hat. Davon zeugen übrigens auch das Rathaus und das Theater (Mecklenburgisches Staatstheater, zu DDR-Zeiten eines der besten). Der berühmte Peter Joseph Lenné hat einen Teil des Parks entworfen, der ohnehin sehenswert ist.

Wenn man also nicht gerade mit dem Ballon unterwegs ist, sollte man Schwerin erlaufen. Oder man setze sich in eine der Schweriner Fähren: Besser kann man die Stadt, ihre Offenheit und Großzügigkeit nicht in Erinnerung behalten, als von ihren Seen her, die sie ringsum einbetten und sie als Hauptstadt des wasserreichen Mecklenburg-Vorpommern legitimieren.

Schwerin liegt am westlichen Rand der Mecklenburgischen Seenplatte. Und diese Seen gebieten uns, hier zu landen, einzutauchen in herrlich umgebene, stille Gewässer, die größtenteils sauber sind und durch mehr oder weniger schiffbare Äderchen miteinander verbunden. So kann man von Schwerin zum Plauer See, von dort über den Fleesensee und Kölpinsee in die Müritz gelangen, das größte Binnengewässer im Osten. Sie war am einen Ufer Massenerholungsgebiet der Werktätigen und wird es wohl bleiben. Am anderen Ufer lagen die weitläufigen Jagdgebiete der DDR-Regierenden. Als Naturschutzgebiete getarnt, wurden sie von Normalsterblichen freigehalten. Die sozialistischen Waldungen mußten immer frisch und jung ausschauen, wenn die hohen Herren hier auf Pirsch gingen. Also wurden sie mit Riesensprengern benetzt, auch wenn ringsum das Grundwasser absank und die Bäume verdursteten: hier war ein besonders gepflegter, ein sozusagen patjomkinscher Wald... Gerüchte, wonach man den Hirschen einen Scheitel gezogen und den Hasen eine Schleife angelegt haben soll, bevor man sie ins Schußfeld schubste, blieben hingegen unbestätigt.

Weiter also, denn richtig still und unberührt wird es erst, wenn man sich durch die Havel-Nebenarme nach Lychen, Carwitz, Feldberg durchgewunden hat. Hier ist die Seenplatte eine Art ungemachtes Federbett, und in jeder Senke glitzert es tiefblau. Hier endeten die Gletscher der Eiszeit, tief haben sich ihre Zungen ins Land eingeschnitten. Noch heute haben diese Gewässer etwas von der Frische und Klarheit des Eises. Sie haben Ähnlichkeit mit Hochgebirgsseen. Der Breite Luzien bei Feldberg ist bis zu sechzig Meter tief und glasklar, sein Wasser schimmert smaragdgrün in der Sonne. Es ist so still hier, daß man nur die feinen Geräusche des Wassers hört, die Enten und Möwen, die Schwäne im Flug.

Durch einen Seerosenkanal erreicht man den Schmalen Luzien, der sich über sieben Kilometer bis Carwitz hinzieht zwischen buchenbewaldeten Hängen: rostrotes Laub und der Geruch von Waldmeister, der im Buchenschatten wächst. In Carwitz steht das Haus von Hans Fallada, es ist nachmittags zu besichtigen. Auch einen kleinen Fallada-Park gibt es; schön daran ist vor allem der Seeblick. Zwischen Hungerblümchen steht ein Gedenkstein, Fallada-Worte eingemeißelt, die aus dieser Gegend herkommen: „Und plötzlich ist die Kälte weg. Eine unendlich sanfte grüne Woge hebt sie auf. Und ihn mit ihr."

Wie sind wir denn nach Carwitz gekommen? Natürlich im Paddelboot. An irgendeinem seichten Ufer haben wir Holzstäbe zusammengesteckt, Flügelmuttern festgeschraubt, wir haben das Holzskelett in eine Bootshaut eingezogen und das Gepäck darin verstaut, Proviant vor allem. Sich abstoßen vom sandigen Grund, tagelang unterwegs sein mit einer ganz ungewohnten Geschwindigkeit, in einem Zeitmaß, das Gelassenheit bedeutet.

Verschlafene Dörfer, Wälder und Wiesen ziehen vorüber, wir werden uns in die Nebenarme verlieren, die Seen werden immer kleiner und krautiger, und man fragt sich irgendwann, ob hinter dem Ufer noch bewohntes Land ist. Vom Krüsselin in den kleinen und großen Mechowsee, zwischen sumpfigen Wiesen hin in den Küstrin. Hier ist das Ende der Welt, hier ist das Reich der Reiher und Haubentaucher, der Elfen und Schilfgeister. Tiefklare, stehende Wasser, die mit dem Himmel über die Ewigkeit philosophieren. Da läßt es sich aushalten.

Da läßt es sich aushalten, sofern man ein Zelt und Proviant hat. Die Gegend ist, wie man im Westen sagen würde, „touristisch

unerschlossen". Manch einer liebt die Einsamkeit, manch anderer liebt es, Land und Leute zu sehen. Für Bildungsreisende schlage ich zur Abwechslung eine etwas bizarre Tour vor: zu einer sozialistischen Musterstadt. Der Pkw „Pe-Siebzig-Coupé" ist ein angemessenes Gefährt, um in eine Stadt wie diese zu fahren. Dies Fahrzeug, von dem auf deutschen Straßen nur noch wenige Exemplare zu finden sind, verkörpert den flotten Osten der fünfziger Jahre. Es hat genau den rührend-komischen Charme, der viele Konsumgüter aus dieser Zeit des naiven Beginnens auszeichnet, dies reine, keusche, zugleich elegante Aussehen von Dingen, die NEUEN MENSCHEN zu ganz neuen Zwecken dienen sollten und die doch – beinahe sieht man ihnen ihre Tragik an – nur halb so brauchbar waren wie ihre West-Pendants.

Wir halten uns nordöstlich, hoppeln im Coupé auf wunderbar überwölbten Chausseen dahin, bis sich die Mustersiedlung von ferne durch rauchende Hochöfen ankündigt und durch das Panorama einer Holzbaukastenstadt. Walter Ulbricht hat sie dereinst auf den Namen „Stalinstadt" getauft. Seit der Entstalinisierung heißt sie schlicht „Eisenhüttenstadt".

Hier entstanden nach der deutschen Spaltung die Hochöfen, an denen es im Osten fehlte: das EKO, das Eisenhüttenkombinat Ost mit seinen mittlerweile sieben Wohnkomplexen und etwa fünfzigtausend Einwohnern. Eine breite Magistrale führt vom EKO in die Stadt, von den einst geplanten Repräsentativbauten steht nur der Theater-Tempel und das Rathaus. Ihnen aber sieht man ebenso wie den anderen öffentlichen Gebäuden, die hier in den fünfziger und sechziger Jahren entstanden, noch das Bemühen um eine eigenständige Architektur an. Was hier steht, erinnert an die einstige Stalinallee in Berlin. Schöne sozialistische Welt, der die Erinnerung an die Proletengettos des neunzehnten Jahrhunderts anzumerken ist. Sehr viel Licht in den Höfen, geräumige, lichte Wohnungen in ziegelgemauerten Fünfgeschossern. Und dort, wo sich die Neue Zeit repräsentiert, offenbart sich ein naiver Klassizismus mit

Säulen und Arkaden und Ornamenten wie aus einem Holzbaukasten. Das gewollt Jungfräuliche des neuen Staates, das Kindergartenhafte der Umerziehungsanstalt Ost ist hier mit Händen zu greifen. Die Erziehung des NEUEN MENSCHEN war ja die Existenzberechtigung der antifaschistischen DDR.

In seiner Einweihungsrede nannte Ulbricht die Stadt ein Erziehungsinstrument, wie er später auch die Mauer als ein solches bezeichnete. In welchem Maß diese pädagogische Mission bei den DDRlern angeschlagen hat, ist schwer einzuschätzen; in E-H-Stadt schnitt die PDS am besten ab, als im Mai nach der Wende gewählt wurde. Die Stadt hatte immer eine überdurchschnittlich junge Einwohnerschaft, die überdurchschnittlich gut verdiente und gut versorgt wurde mit dem, was andernorts Mangelware war. Auch mit Wohnraum.

Die Stadt wuchs immer größer, schöner wurde sie dabei nicht; was in den Siebzigern gebaut wurde, das war nur noch Massenquartier im Einheitsstil des WBS-70, der industriell gefertigen Großplatten, die landesweit an den Peripherien der Großstädte aufgetürmt wurden, um ein ehrgeiziges Wohnungsbauprogramm der Partei zu realisieren. Und das zumindest ist an dieser Stadt sehenswert, weil lehrreich: Daß man im Laufe der sechziger Jahre den freilich naiven Glauben an die NEUE ZEIT aufgegeben hat, daß man auch in der Bauweise bei dem angekommen ist, was dieser Sozialismus nach dem Mauerbau war – eine große Bewahranstalt, in der man sich bei freier Kost und Logis zu Tode langweilen konnte.

Die sozialistische Musterstadt ist bezeichnenderweise nie fertiggeworden, der „Zentrale Platz", den einst repräsentative Bauten zieren sollten, wo die NEUE WELT sich architektonisch selbst darstellen und erkennen sollte, ist bis heute eine Leerstelle, ein Nichts, wo man bei Regen im Morast versinkt.

Nun gehört der ehemalige Bezirk Frankfurt/Oder wieder zum Land Brandenburg, eine Nachkriegsordnung ist wiederhergestellt, die einem bewußt machen könnte, wo man historisch steht, daß da vierzig

Jahre vergangen und auch nicht vergangen sind. Freilich erinnert man sich lieber an gewonnene als an verlorene Schlachten; der Rückgriff auf Brandenburg-Preußens Ahnherren ist beliebt nach dem Bankrott des historischen Vormarsches zur besten aller Gesellschaftsordnungen.

Friedrich II. wird nach Sanssouci überführt und mit Pomp und Volksauflauf nahe seinen Windspielen beigesetzt. Wär es nach ihm gegangen, hätte man das, wenn überhaupt, in aller Stille vollziehen sollen. Ein Philosoph und Kind seiner Zeit, der – um in der Region zu bleiben – das Oderbruch urbar machen ließ und die Schlesischen Kriege vom Zaun brach. Natürlich gebührt ihm kritische Würdigung; was jetzt in den Neuen Ländern abläuft, ist aber etwas anderes. Es ist der verzweifelte Versuch der „Ossis", aus ihrer demütigenden Situation gegenüber den „Wessis" herauszukommen, den „BesserWessis" etwas entgegenzusetzen, das sie wert macht und akzeptabel als Mit-Deutsche. Und da bleibt offenbar nur der Rückgriff auf verklärte Historie. Der Anblick dieser „Langen Kerls", einer neu etablierten friederizianischen Leibgarde in Potsdam – das ist schon ulkig. Traurig ist es aber auch, wie sich die große Verunsicherung da kostümiert.

Trauriger noch sind die neofaschistischen Rückgriffe, die gerade entlang der Oder und Neiße von sich reden machen. Auch sie haben mit der demütigenden neuen Lage zu tun, für die natürlich nicht die Wessis verantwortlich sind, sondern die einstige Lagerleitung.

Es ist ein böses Erwachen. Nicht allein, daß man plötzlich wahrnehmen muß, wie sehr man all die Jahre hinterm Mond gelebt hat – man lebt zudem in einem ökologischen Notstandsgebiet, und das ist für Deutsche offenbar besonders beschämend. Ökologische Daten galten vordem als Staatsgeheimnis, daß aber zum Beispiel die Braunkohlekraftwerke von Lübbenau und Vetschau kilometerweit in den Wind stanken, das konnte man in Cottbus auch vor der Wende riechen.

Braunkohle gab es in der devisenarmen DDR genug, sie war der sogenannte Hauptenergieträger. Sie stank aus Schloten und Schornsteinen und gab den winterlichen Städten ihre spezielle Atmosphäre. In der Lausitz wurde sie im Tagebau abgebaut: zwischen Spremberg und Hoyerswerder gähnen riesige Schründe aufgerissener Erde, immer wieder mußten Dörfer umgesiedelt und abgerissen werden, um den Abraumbaggern Platz zu machen. Der sorbische Schriftsteller Jurij Koch hat davon berichtet, neuerdings auch Günter Grass: „Mein Blick vom Grubenrand ist der Blick in eine nicht mehr verheilende Wunde".

Verglichen mit den radioaktiven Abraumhalden des einstigen thüringischen Uranbergbaus oder den verseuchten Böden und Flüssen um die Chemieregion von Bitterfeld sind diese offenen Wunden harmlos. Sie verheilen irgendwann, wenngleich Narben bleiben. Es gibt Tagebauseen, die inzwischen zu vielbesuchten Erholungsgebieten geworden sind. Daß es mit der Braunkohle in absehbarer Zeit ein Ende hat, wird von allen als ein Segen empfunden. – Von allen, die damit nicht ihren Arbeitsplatz verlieren. Die große Strukturreform der DDR-Wirtschaft bringt zunächst alles andere als Segen, sie bringt, was man dort nicht kannte: Arbeitslosigkeit, und zwar massenhaft. Nahezu alle Bereiche der Gesellschaft sind davon betroffen, sogar die Gurkenzüchter im Spreewald, die vordem reißenden Absatz fanden für ihre Mangelware.

Spreewälder Gurken! Die schleppte in großen Gläsern mit nach Hause, wer im Spreewald gewesen war. Die wurden ohne staatliches Handelskontor übers Land verteilt von den Spreewald-Touristen, ein Topf Gewürzgurken als schönstes Souvenir. Immer war man darauf aus, anderswo Dinge zu kaufen, die man daheim nur schwer bekam.

Mit Handel und Versorgung hat es nie geklappt, weil außer den Konsumenten niemand daran ein Interesse hatte; man hatte sich über die Jahre hin daran gewöhnt, Selbstversorger zu sein und unternahm oft abenteuerliche Reisen auf der Suche nach einem Ersatzteil oder Baustoff. Der Markt war also ein trockener Schwamm, als die Marktwirtschaft kam. Und alles, worauf

man vordem stolz war, weil man es mühsam ergattert hatte, das roch plötzlich nach der Demütigung des DDR-Konsumenten. Man wollte es nicht mehr. Man wollte endlich Kunde-König sein, nicht mehr auf Zuteilung leben, sondern aus dem vollen. DDR-Produkte wurden gemieden, auch wenn sie besser, frischer waren und zudem billiger. Niemand kaufte mehr Spreewald-Gurken. Bis man die westlichen Sorten durchprobiert hatte und sich als freier Konsument für das einheimische Produkt entscheiden konnte. Auch die Touristenströme fließen längst nicht mehr so massenhaft durch die Spreewald-Kanäle; als Ostmensch hat man jetzt damit zu tun, den Rest der Welt zu entdecken.

Der Spreewald ist noch wie zu Fontanes Zeiten ein breites Netz aus schmalen Wasserstraßen zwischen Feldern, Wiesen und kleinen Dörfern; was Fontane in seinen berühmten „Wanderungen durch die Mark Brandenburg" über ein Spreewalddorf berichtet, kann man noch heute bestätigt finden: „Man kann nichts Lieblicheres sehen als dieses Inseldorf, das aus ebenso vielen Eilanden besteht, als es Häuser hat. Die Spree bildet die große Dorfstraße, allerhand Arme und Kanäle die Gassen. (...) Dicht an der Spreestraße liegt das Wohnhaus, ziemlich nah daran das Stallgebäude und klafterweis aufgeschichtetes Erlenholz umzirkelt mehr oder weniger den Kreis des Inselchens. Obstbäume und Düngerhaufen, Blumenbeete und Fischkasten teilen im übrigen das Terrain und geben in ihrer Gedrängtheit die reizendsten Bilder. Jedes wie fertig, um gemalt zu werden. Das Wohnhaus selbst ist ein Blockhaus, Spreewaldeichen, horizontal übereinandergelegt, werden zusammengefugt und geben das alte, traditionelle Haus. Die Fugen werden mit Lehm verschmiert, dazu kleine Fenster und dem Ganzen ein tüchtiges Schilfdach aufgesetzt, so ist das Haus fertig. Seine Schönheit besteht in seiner Ornamentik. Fischnetze und Gurkenblüte legen den Grund. (...) Zwischen Haus und Fluß liegt ein Grasplatz, dessen letzter Ausläufer ein Holzsteg ist. Um ihn herum gruppieren sich die Kähne, klein und groß, immer dienstbereit, sei es nun, um einen Heuschober in den Stall zu schaffen oder einem Liebespaar bei seinem Stelldichein behülflich zu sein."

Vom Spreewaldkahn in die Gondel und mit gutem Wind südwärts, nehmen wir an, so hätten wir es uns vorgenommen. Aber der Wind dreht und treibt uns südöstlich ab. – Stellen wir uns vor, der Flug ginge über das wirklich langweilige Cottbus und weiter über einsame Landstriche hin. Wir hätten Zeit, über eine Stadt nachzudenken, die wie kaum eine andere im Griff der Partei war und im Griff der Stasi-Krake, die sich in einem riesigen Areal am Rand der Stadt hinter halbhohen Kiefern und um so höherem Maschendraht eingegraben hatte. Wir hätten Zeit, uns an diesen Studentenpfarrer zu erinnern, der hier nicht nur in unmittelbarer Nachbarschaft der Stasi wohnte, sondern auch abgehört wurde, der ziemlich riskant lebte, wo jeder jedem mißtrauen mußte, zumal, wenn man einen Studienplatz zu verlieren hatte. Der sich aber zu helfen wußte und Leseabende von der Art veranstaltete, daß jeder stumm und für sich las, was der Herr Pfarrer so zu lesen hatte von Havemann bis Havel. Zum Reden ging man in den Garten.

Und dieses Cottbuser Theater, das von außen einen so aufregenden Eindruck macht, ein herrlicher Jugendstilbau, restauriert, sehr sehenswert, und kaum sehenswert, was man darinnen auf die Bühne brachte. Cottbus, so ganz im Knebelgriff der Genossen. So ganz im Windschatten, abgelegen, abgehängt.

In Schwedt, immerhin, hat Freya Klier den Plenzdorf uraufgeführt, die „Legende vom Glück ohne Ende", eine gespenstische Parabel auf das große Als-ob-Leben in Deutschlands Osten, ein Skandal, ein Ereignis, zum dem die Berliner angereist kamen. Aber Cottbus? Was soll es hier bloß zu entdecken geben?

Und plötzlich, in einem abgelegenen Winkel an der Neiße, der ganz im Gegensatz zum Spreewald wenig fruchtbar ist, sondern öd, trocken, sandig: Da taucht diese märchenhafte Schloßruine auf, Bad Muskau mit seinen Brücken und Pavillons.

Da taucht dieser Park auf, dieses Eiland in der Ödnis, Hügel und Seen und die seltensten, prächtigsten Bäume. Am anderen Neißeufer, wo er sich einst fortsetzte, ist der Pückler-Park verwildert. Vier Brücken hatte der Graf über die Neiße schlagen lassen; sie existieren nicht mehr. Noch zu DDR-Zeiten hat man beschlossen, gemeinsam mit den Polen dieses landschaftsarchitektonische Kleinod wiederherzustellen, nun wäre es an der Zeit, neue Brücken zu schlagen. Pücklers Idee, hier einen englischen Park anzulegen, hat den verarmten Grafen das Vermögen seiner Frau und die stattlichen Einkünfte aus dem Verkauf seiner Reisebeschreibungen gekostet. Das Terrain mußte von Grund auf umgestaltet und fruchtbar gemacht werden, künstliche Wasserläufe und Hügel und Wege so angelegt, daß es beinahe natürlich wirkte. Nur beinahe, denn noch heute, nachdem sich hier alles so mehr oder weniger ausgewachsen hat, zeigt die Anlage einen Zug ins Manirierte, Künstliche, der gewiß nicht zufällig unterlaufen ist. Pückler war eine Spielernatur. Er spielte auch mit den Möglichkeiten einer Kunstlandschaft und war nicht geneigt, den Gesetzen der Natur zu folgen. In seinem zweiten Park bei Schloß Branitz (nahe Cottbus) gibt es eine mit Weinlaub überwucherte Pyramide, mitten im See. Das ist sein Grab.

Auch den Pariser Bois de Boulogne hat er erfunden und das Pücklereis. Er hatte den Mut, mit seinem Pferd von einer Dresdener Elbbrücke zu springen, und er hätte den Mut gewiß, mit uns zu fliegen. Er hat Gitterwerk für den künstlichen Wuchs seiner Rosen erfunden und wollte in der Lausitz gezüchtete Ananas an den Berliner Hof verkaufen. Ich wette, er wäre auch mit in die Gondel gestiegen, um uns mit einem Blasebalg guten Wind gen Dresden zu machen. Und ich wette, mit ihm hätten wir auf geheimnisvolle Weise unser Ziel erreicht. Über Bautzen hin soll es gehen, die Stadt mit dem schlechten Ruf soll nicht vergessen sein. Die Stadt mit dem Zuchthaus, für das sie gar nichts kann. Kommen Sie, Herr Graf, bei einem Flug wie diesem sind Sie sehr willkommen.

Da liegt sie schon unter uns, die alte Feste Budysin, Bautzen auf hochdeutsch, was hier nur eine von zwei Amtssprachen, und nicht die alleinige Umgangssprache ist. Bautzen hat einige Berühmtheit - nicht wegen seines spätgotischen Schlosses Ortenburg, sondern wegen jenes Hauses, von dem die einschlägig verurteilten politischen Widerständler der DDR ein traurig Lied zu singen wissen. Was sie von dort nicht sehen konnten: Bautzen ist schön. Es ist sehenswert seiner mittelalterlichen Stadtanlage wegen. Und Bautzen ist das Zentrum des sorbischen Kulturlebens, das in den vergangenen Jahrzehnten staatlich gefördert wurde, sofern es keine Anzeichen von Subversion trug.

Das Leben in der DDR war generell ein „gestattetes" Leben; im Falle der gehüteten nationalen Minderheit der Sorben war dies exemplarisch: Das Besondere und Eigenständige, das da bewahrt werden sollte, war nicht mehr als ein folkloristischer Schnörkel an irgendwelchen Staats-Feiertagen. Den sozialistischen Alltag teilten die Sorben mit allen anderen DDR-Insassen, und dieser Alltag hatte eine egalisierende Gewalt.

Was die Sorben sich bewahrt haben, hatte mit der staatlich geförderten Folklore wenig zu tun, mit ihrem Brauchtum kommen sie schon weiter her. Weniger als einhunderttausend Sorben leben noch in der Lausitz, zwischen Cottbus und Bautzen, es sind die letzten Nachkommen der Wenden, jener slavischen Siedler, die einst ganz Brandenburg bevölkerten.

Die längste Zeit seiner Geschichte gehörte Bautzen zu Böhmen. Wir befinden uns an der Grenze zu den slavischen Ländern, am Südostzipfel des heutigen Deutschland, dort, wo es für die Altbundesdeutschen am meisten zu entdecken gibt. Dort, wo der wirkliche Osten beginnt, und nicht mehr als ferner, ideologisch feindlicher Kontinent, sondern als eine offene Welt, die bei näherer Betrachtung ganz anders ist als das, was man vom Westen aus von ihr wissen konnte.

Die Ostler haben sich - wenn auch notgedrungen - in ähnlicher Weise auf die pol-

nischen und tschechischen und ungarischen Nachbarn eingelassen, wie die Westdeutschen mit ihren westlichen Nachbarn vertraut geworden sind. Zum Klettern fuhr man in die Tatra und in die Karpaten, zum Schwimmen an den Balaton oder ans Schwarze Meer, zum Paddeln an die Masurischen Seen. Auch im Osten gab es - in den besseren Jahren - offene Grenzen, man lernte die Sprachen der Nachbarn, es gab so etwas wie den Beginn eines separaten Osteuropa. Welche Chance für uns, integrierend zu wirken - wenn es uns denn zunächst einmal in Deutschland gelänge, „wir" zu sagen und damit nicht die Ostler *oder* die Westler zu meinen.

Dem DDR-Touristen waren engere Grenzen gesetzt, was sich darin vorfand, kannte er recht gut, um nicht zu sagen „auswendig". Das Elbsandsteingebirge war auf den touristischen Trampelpfaden immer überlaufen; wenn man sich aber abseilte und seine eigenen Klettertouren machte, konnte man fein unter sich bleiben. Sich abzuseilen im übertragenen Sinne galt als Tugend, wo einen der Staat allzusehr in die Pflicht nahm, und hier an den steilen Wänden der „Sächsischen Schweiz" konnte man die eigene Widerstandskraft und die Haltbarkeit der Seilschaft zuverlässig prüfen. Die Bewährung in diesen - immerhin erreichbaren Bergen war oft der Anfang eines Selbstvertrauens und Vertrauens zueinander, das später in der politischen Opposition allen Anfechtungen standzuhalten hatte. Will sagen: Dies sind herrliche Plätze für jedermann, aber nicht für jedermann haben sie auch eine Geschichte. Und nur, wenn sie für wen eine Geschichte haben, sind sie, pardon: Heimat.

Dresden ist weltberühmt als Barock- und Kunststadt, und für den von West her angereisten Besucher wird sich manch Sehenswertes bieten, der Zwinger, die Semperoper, die Hofkirche, der Blick über „Elbflorenz", eine Fahrt mit dem Raddampfer elbaufwärts, an Schloß Pillnitz vorüber, das in seiner Leichtigkeit unschwer als eine Schöpfung der barocken Chinamode zu erkennen ist, nach Rathen hin, wo es eine offene Felsenbühne gibt, auf der man sommers den Freischütz spielt oder Karl-May-Geschichten aufführt. Merke: Karl May ist sächsischer Nationaldichter, und Carl Maria von Weber ist sächsischer Nationalkomponist. Dresden, seine wiedererrichtete Semperoper, sein Theater… das ist eine touristisch attraktive Stadt.

Aber selbst hier wird es dem Westdeutschen nicht leicht fallen, sich als Tourist zu fühlen. Denn dies, heißt es ja, sei nun auch sein Vaterland und sei es eigentlich schon immer gewesen. Er kommt als „einheimischer Tourist" – eine ungewohnte Kombination. Und kommt nun gar nach Sachsen, wo man so besonders stolz ist, ein Sachse zu sein.

So ist die Annäherung vom Ballon aus vielleicht gar nicht die schlechteste. Die diskrete Näherung an etwas, das man gewinnen, aber nicht okkupieren will. Dort unten ist keine menschenleere Gegend, keine tabula rasa, kein bauhistorisches Museum. Da ist eine Menschenlandschaft, die man erlernen muß, um sie begreifen und sein eigen nennen zu können. Von der man gar nichts weiß, wenn man das Barock der Dresdner Altstadt datieren kann. Ich meine, der Osten ist nichts für den bequemen Urlaub, der Osten macht Mühe. Lohnt sie sich auch? Vielleicht, daß einem da ein Bein wächst, von dem man bislang gar nicht wußte, wann und wie es einem abhanden kam. Vielleicht, daß man dort etwas von sich wiedererkennt, das man schon ganz vergessen hatte. Der Osten ist kein näher gelegenes Irland, wo alles so schön alt und verfallen ist. Der Osten Deutschlands ist keine Region, aus der man wieder wegfahren kann, wie man aus Irland wieder wegfährt, weil: Hier ist man eigentlich auch zu Hause, hier könnte man irgendwann einmal „ankommen".

Über Dresden hin geht der Flug westwärts, über das einstige „Gesamtkunstwerk Dresden", das in den letzten Kriegstagen noch schrecklich zerbombt worden ist in einer einzigen Nacht. Manches ist wiederaufgebaut, aber die Versehrung ist deutlich geblieben; vielleicht ist das gut so. Die mächtigen Kuppeln und Türme grüßen mit der majestätischen Gebärde ihres „Erbau-

ers", des Starken August von Sachsen. Es grüßt das schillernde, das unreine Gewässer, das sich mit melancholischem Aufwärtsblick durch die Stadt schiebt. Die graubraunen Fassaden der alten Mietskasernen und die gelbbraunen der neueren solchen grüßen mit einem müden Lächeln. Aber es grüßen, weil ein Ballon ja keinen Lärm macht, auch die Klänge, die von Dresden aufsteigen, heitere, lichte Gesänge, wie man sie dieser Stadt auf den ersten Blick zutraut. Im Gemüt, also auch in der Musik, sind die Sachsen stark; ihre Staatskapelle war die beste der DDR, und sie haben mit der Philharmonie noch ein zweites gutes Orchester. Aus der Musikhochschule tönt es, und aus der Kreuzkirche steigt der Gesang des Kreuzchores zum Himmel auf, Kammermusik erklingt im Zwingerhof, Orgel in der Hofkirche.

Dresden ist voller guter Musik, von deren Genuß man sich allemal ernähren konnte, als es noch keine Bananen gab. Dresden ist zu DDR-Zeiten immer die Kunststadt gewesen. Und die Künste waren populär in Dresden: weil der Eintritt erschwinglich war und weil man im sogenannten „Tal der Ahnungslosen" lebte, in einer Senke, wo kein Westfernsehen empfangen werden konnte. Vor allem aber deshalb: weil die Dresdner ganz kunstsinnige Leute sind.

Die Sachsen – Staatsvolk der DDR werden sie geheißen. Alles bloß Vorurteil. Im Westen wurde man vor kurzem noch gefragt, weshalb man nicht sächsisch rede, wenn man denn von drüben käme. Sie galten als besonders loyal und füllten die Berliner Amtsstuben auf, wo die Einheimischen als „unsichere Kantonisten" entfernt werden mußten. Ich wuchs nahe der Berliner Mauer auf, uns gegenüber war eine Grenzerkaserne, und dort wurde fast ausschließlich „gesächselt". Ein Zufall war das gewiß nicht, Ulbricht traute seinen eigenen Leuten noch am ehesten über den Weg. Er hat seine Geburtsstadt Leipzig immer bevorzugt; wie wäre er enttäuscht worden von seinen Leipzigern, wenn er deren mutigen Aufbruch in die Wendezeit noch erlebt hätte. Vielleicht hat er ihnen mit der jährlichen Leipziger

Messe zuviel zugemutet; die gewährte ja immer einen Blick nach drüben, und Leipzig war für die Messezeit die bestversorgte Stadt der DDR. Mag sein, die Leipziger hatten es irgendwann satt, den Westmanagern alljährlich eine sozialistische Musterstadt vorzuspielen und sie dabei von vorn bis hinten zu bedienen; mag sein, sie hatten vom großen Ausverkauf für D-Mark ebenso „de Neese pläng", wie ihnen der Westvergleich natürlich die Dürftigkeit der eigenen Warenwelt vor Augen führte.

Leipzig – die Heldenstadt, wie der Schriftsteller Christoph Hein sie nennen wollte ... Ich kann so viel Heldisches dabei nicht finden, wenn man sich unter den Augen des Westfernsehens in breitem Demonstrationszug durch Leipzigs Innenstadt bewegt. Die wirklichen Helden haben ihren Konflikt mit dem Staat sehr allein und sehr erfolglos ausgetragen. Die meisten von ihnen haben kaum öffentliches Aufsehen gemacht, sie sind in irgendwelchen Stasi-Zellen verschwunden und irgendwann, wenn alles gut ging, in den Westen abgeschoben worden.

Über Leipzig und die Sachsen kann am besten Erich Loest erzählen, sein Buch „Völkerschlachtsdenkmal" kreuzt sächsische Mentalität mit den geschichtlichen Verwerfungen der letzten Jahrhunderte und Jahrzehnte. Loest kennt die DDR von innen, vielleicht zu sehr von innen, weil er als „Politischer" einige Jahre in Bautzen gesessen hat, und auch als „freier Mann" und Buchautor in Leipzig unter ständiger Observation der Staatssicherheit stand.

Leipzig hatte bislang die schmutzigste Luft unter Europas Städten; die Leipziger Universität, hatte schon zu DDR-Zeiten nicht den besten Ruf, das Leipziger Literaturinstitut „Johannes R. Becher" hat zu viele staatstreue Nichtskönner produziert und das Leipziger Theater war eines der uninteressanteren. Also, bitte: keine Landung – den riesigen alten Hauptbahnhof von oben, der 1901 als der größte Kopfbahnhof Europas entstand und sich als solcher natürlich lächerlich machte, als man von hier aus nicht einmal mehr nach Augsburg reisen konnte.

Bitte keine Landung auf dem berühmten alten Markt, vorm ältesten deutschen Renaissance-Rathaus, unter all den überladenen und verdreckten Fassaden der Innenstadt. Höfischer Pomp und kaufmännische Selbstgefälligkeit, wiewohl berühmt und sehenswert: die Alte Börse, Barthels Hof, der „Kaffeebaum" und „Auerbachs Keller". Den Reclam-Verlag nicht zu vergessen, der uns immer mit wichtigen und billigen Büchern versorgt hat. Da erschien,„ Il Principe" von Machiavelli – eine Abhandlung über den Zynismus der Mächtigen – zum Ladenpreis von 1,50 Mark (Ost). Nicht zu vergessen der neue Gewandhaus- Konzertsaal mit einer Prachtorgel und mit dem Medusenhaupt an der Stirnseite – ist es Beethoven oder ist es Marx? Oder ist es Kurt Masur, der Chef des Gewandhausorchesters?

Der touristische Blick ist gewiß gnädiger als meiner – ich hab dieses Leipzig in düsterer Erinnerung, und nicht nur der nahen Braunkohlekraftwerke wegen. Ein Mädchen, das ich aus der Schulzeit kannte, sollte hier der Staatssicherheit als Hure und Zuträgerin dienen; an der Erpreßbarkeit bestimmter Messegäste war man ja stets interessiert. Die werten Herren von „Schild und Schwert" haben versucht, auch sie zu erpressen – nichts Spektakuläres, ein ganz normaler Fall zu Zeiten, als ich Leipzig kennenlernte. Nein, tut mir wirklich leid, ich kann die Stadt nicht lieben.

Erfurt, die andere südliche Landeshauptstadt, ist mir sympathischer. Erfurts Blüte liegt im Mittelalter, zu DDR-Zeiten lag es im Schatten und war ein heimliches Mekka derer, die sich in allerart Kunstgewerbe versuchten. Ein Refugium. Thüringische Holzschnitzereien, Töpferarbeiten, Glasbläserarbeiten, handgefärbte Tuche gibt es hier, eine „Szene", die zurückgezogen und selbstgenügsam unter der Kruste der offiziellen DDR ihr erfinderisches Leben lebte.

Schon im Mittelalter zog es Krämer und Handwerker nach Erfurt und den Klerus beider Konfessionen. Martin Luther studierte am Augustinerkloster, und die Erfurter Universität läßt eher auf Erneuerung hoffen als die Leipziger, allerdings gibt es die erstere schon seit Jahrhunderten nicht mehr. 1392, als fünfte im Heiligen Römischen Reich deutscher Nation gegründet, war sie eine Zeitlang die einzige, an der beide Konfessionen nebeneinander gelehrt wurden. Die Duldung der anderen Confessio: etwas, das knapp sechshundert Jahre später in der Universitätsstadt Leipzig nicht mehr denkbar war.

Auch die Zünfte lebten in Erfurt neben- und miteinander; die zweiunddreißig Erfurter Kirchtürme zeugen noch heute davon, daß dies eine Stadt ist, in der man miteinander auskommen mußte. Wie ein Flickenteppich ist sie aus alten Zunft-Vierteln zusammengesetzt. Erfurt wurde von der UNESCO in die Reihe der weltbedeutenden Gesamtdenkmäler aufgenommen, was für den Erhalt der kaum kriegsbeschädigten Altstadt aber wenig bewirkte. Erfurt verfällt, die Universitätsstraße mit ihren spätgotischen und der Renaissance entstammenden Kollegienhäusern kann nur noch der Kenner als kulturhistorische Kostbarkeit identifizieren.

Ich bin kein Kenner, aber beim Anblick eines niedrigen Portals mit Wappenschmuck und einer „1565" unter fingerdicken bräunlichen Ablagerungen – da dämmert auch mir, was für ein Sanierungsobjekt diese kaum noch bewohnbare Altstadt ist. Die mittelalterliche Düsternis und behagliche Enge soll nicht verlorengehen. Wenn es gelänge, die Atmosphäre der Stadt zu erhalten, die tatsächlich aus anderen Jahrhunderten herüberweht, wenn es gelänge, den Zusammenhang von Krämerbrücke und Domplatz, von Enge und Größe auch künftigen Generationen erlebbar zu machen: daß beides nämlich zusammengehört in der Menschenseele und einander bedingt – wenn dies gelänge, hätten sich all die Baugerüste und Versteifungen gelohnt, die heute das Stadtbild bestimmen.

Es wird ja jetzt überall aufgebaut im Osten, Altes und Neues, es gibt riesigen Nachholbedarf. Manches aber muß dringend abgerissen werden, unschädlich gemacht und – wie man im Westen sagt – „entsorgt" werden. Die Rede ist zum Beispiel von jenen veralteten Chemiekombina-

ten Buna und Leuna, die vielen Menschen in der DDR Sorge gemacht haben, stumme Sorgen, die man besser für sich behielt, um nicht wegen Staatsverleumdung vor Gericht zu kommen. Monika Maron hat sich in ihrem Buch „Flugasche" des Themas angenommen; es konnte zu DDR-Zeiten nur im Westen erscheinen, und die Autorin wurde aus dem Land gegrault.

Die ätzenden Abluftmassen kamen vor allem nachts ungefiltert aus den Schloten und stanken kilometerweit in den Wind. Man hielt sich hier die Nase zu, wenn man nicht gerade in Bitterfeld wohnte und sich daran „gewöhnt" hatte. Eine Gewöhnung, die mit beträchtlichen Gesundheitsschäden einhergehen konnte. Wie die Luft wurde auch der Boden und das Wasser in verbrecherischer Weise verseucht. Die Saale ist eine stinkende Kloake, und als solche fließt sie durch die lieblichen sachsen-anhaltinischen Wälder, vorbei an malerischen Burgen und Schlössern – der Anblick tut weh.

Menschen suchen das Wasser auf, um zu trinken und zu baden, auch wenn sie nur am Ufer spazierengehen. Wasser lädt ein, mit den Augen zu trinken, mit der Seele zu baden, sich zu reinigen in seinem Anblick. Alte Mythen und Riten von der Taufe, vom Gesund- und Jungbrunnen erzählen, wie wertvoll uns das Wasser ist, um innerlich „aufzutanken". An einem schmutzigen Wasser will dergleichen nicht gelingen; Wasser ist nur Wasser, wenn es rein ist, wenn man es trinken, wenn man darin baden könnte. Wir spüren es beim Spaziergang „an der Saale hellem Strande", der uns angesichts von gelblichen Schäumen gründlich verleidet ist. Wissen wir denn, was wir nicht nur „der Natur", sondern in ihr auch uns selbst wegnehmen, wenn solche Spaziergänge ungenießbar geworden sind?

Der Harz, zumindest sein oberer Teil, soll ein großer Naturschutzpark werden. Der „Naturpark Hochharz" ist eine der letzten und wohl auch eine der besten Entscheidungen der DDR-Interimsregierung vor der Vereinigung gewesen. Man will dem Wandern und Radeln Vorrang einräumen vorm so beliebten weil bequemen Autotourismus. Auch die Skifahrer sollen nicht wieder freie Fahrt haben in den ehemaligen Grenzregionen, wo sich eine seltene Flora und Fauna ansiedeln konnte. Die gefährdeten Baumbestände im Oberharz sollen nach Möglichkeit regeneriert werden, die Schmalspurbahnen erhalten und ausgebaut. Der Harz ist schön, nicht nur auf dem Brokken, weil dort oben einmal eine Grenze war, und jedermann nun oben gewesen sein muß, um zu sehen, daß sie fort ist.

Der Harz ist ein Reservat selten gewordener Pflanzen- und Tierarten; wer Glück hat, kann hier oben noch Auerhähne sehen und hören. Wenn man die östliche Hälfte erkunden will, begebe sich ins Bodetal. Oder auch nach Wernigerode, neben Quedlinburg das besterhaltene Fachwerkstädtchen des Ostens, und fahre von dort mit der Harzquerbahn hinauf nach Schierke. Egal, wo man nun aussteigt, man wird die schönsten Wanderwege antreffen, auch einen Heinepfad und einen Goethepfad, denn beide sind hier schon zu Fuß gegangen.

Das Herz Deutschlands wird der Harz nun wieder geheißen, man besinnt sich auch im Osten wieder auf reichsdeutsche Überlieferungen, auf Heinrich und Otto, die ersten deutschen Kaiser, die in Quedlinburg und Umgebung ihre Residenzen hatten. Das Fachwerkstädtchen Quedlinburg ist weitgehend erhalten und nicht erst seit der Wende im Wiederaufbau begriffen. Nun allerdings mit der Wucht des richtigen Geldes und mit touristischen Vermarktungskonzepten. Nein, ein zweites Rothenburg ob der Tauber wolle man hier nicht, heißt es, keinen internationalen Massentourismus. Aber: was will man dagegen unternehmen? Auch die Quedlinburger volkseigenen Betriebe machen Pleite, was bleibt, ist auch hier der Fremdenverkehr. Hotels müssen her, Restaurants, bessere Straßen. Und das alles muß sich irgendwann auszahlen. Bleibt nur zu hoffen, daß man nicht wieder wie dereinst ans Grab Heinrichs des Ersten pilgert, um der deutschnationalen Identität eine Krücke zu leihen.

Quedlinburg ist ein in sich gerundetes, wunderbar verschlafenes, deutsches Städtchen, man sieht es vom Schloßberg aus, besser noch vom Ballon. Wie eine eingerollte

schlafende Katze liegt es da, man ahnt hier nichts Arges. Heinrich Himmler fühlte sich in der Nachfolge des alten Heinrich, des Vogelers; 1938 hat er die Quedlinburger Stiftskirche okkupiert und zu einer Weihestätte seines SS-Ordens umfunktioniert. Da kam er dann tatsächlich zu den entsprechenden Anlässen als wiederauferstandener Reichgründer aus Heinrichs Gruft gestiegen. (Ein echter Grufti also.) Das romanische Kirchenschiff wirkt durchaus düster, man kann sich die Art von Erhabenheit vorstellen, die hier mit den schwarzen Uniformen und dem Fackelkult Einzug hielt. Die schweren Hakenkreuze sind längst aus der Apsis entfernt, nur drunten in der Krypta erinnert noch etwas an diese jüngere Vergangenheit – ein niedriges Kreuzgratgewölbe aus dem 11. Jahrhundert, Reste romanischer Gewölbemalereien, und dann dieser Adler im Fensterglas, der ganz so alt nicht ausschaut. Es ist ein Naziadler, an dem man zu DDR-Zeiten keinen Anstoß nahm, weil er ja als Reichswappentier dort seinen Platz zu haben schien.

Der Harz liegt wieder in Deutschlands Mitte, wieder einmal besinnt man sich auf die alten Kaiser und Könige, und im Osten gibt es da manches nachzuholen. Nebenan steht Barbarossa auf dem Kyffhäuser. Der galt dereinst als der deutscheste aller deutschen Berge, er war ein Pilgerort der Deutschnationalen. Mir ist unwohl an solchen Orten, wenn man hier nicht erfährt, wie aus nationaler Überhebung Unheil wächst. Als Tourist möchte ich hier erfahren, daß es da mal ein „Unternehmen Barbarossa" gab, den Überfall auf die Sowjetunion im Jahre 41. Ich möchte wissen, daß es der Reichsarbeitsdienst war, der diese Burg Kyffhausen ausgegraben hat. Und ich möchte vom Kyffhäuserdenkmal, von dem in Stein gehauenen Koloß Friedrich Barbarossa, der ja nun wohl erwacht sein muß, da Deutschland wieder einig ist, etwas mehr erfahren als dies alte Ammenmärchen. Ganz so vergangen, ganz so unschuldig ist das alles nicht.

Wenn schon auf einer Burg die Einheit gefeiert werden soll, dann auf der Wartburg. Hier hat Luther das Neue Testament ins

Deutsche übersetzt, dreihundert Jahre später zogen Jenenser Burschenschaftler auf die Burg, um die Einheit und Freiheit ihres Vaterlandes zu fordern. Das war allemal idealistischer gemeint als manches, was sich später darauf berufen hat, und das wäre immerhin etwas, das gemeint sein könnte, wenn man „Deutschland" sagt. Die Burschenschaften nicht? Dann aber doch die Sprache jedenfalls, die Lutherische Einheitssprache. Die gibt es ja wohl noch – cum grano salis –, und die bleibt womöglich übrig, wenn man guten Gewissens „Deutschland" sagen will...

Die Klöster bleiben. Die aber weisen über Deutschland hinaus. Das Kreuzland aller europäischen Einflüsse – wo ist es zu finden, wo ist sein Kern und seine Mitte? Hat es die? Braucht es die? In den Zisterzienserklöstern ist Europa. Kloster Lehnin, das erste seiner Art in Brandenburg (erbaut im 13. Jh.) läßt frühgotische Einflüsse aus Frankreich, dem Stammland des Ordens erkennen. Ein Ableger dieses Klosters in Chorin (nördlich von Eberswalde) gilt als schönstes Beispiel norddeutscher Backsteingotik. Was ist daran „deutsch"? Beide Klöster sind übrigens restauriert, in Chorin gibt es Sommerkonzerte mit Musik des Barock, der Renaissance, der Moderne – wer fragt, ob sie „deutsch" sei? Die Zisterzienser haben das Land einst kolonisiert und kultiviert, das heute Deutschland heißt. Ein Begriff von Kolonisation, der ganz unverständlich geworden ist. Der nicht Ausplünderung bedeutet, sondern Zivilisation, mehr: Vermenschlichung des Daseins. Der einen Reichtum meint, eine Fülle des Lebens, die nicht mit der Fülle der Lebensmittel identisch ist.

Elbabwärts liegt Magdeburg und das ist leer. In Magdeburg ist noch immer der Nachhall des letzten großen Krieges. Leergebombt und ausgebrannt und zwischen breiten, geraden Magistralen sozialistisch neu erbaut, daß man sich darin ganz befreit und ganz verloren fühlen kann. In Magdeburg ist die Leere des Nachkriegs, auch in den schlichten, hellen Wohnbauten. Vielleicht war man ja zu Recht so genügsam im architektonischen Anspruch, was durfte

man sich nach solch einem Zusammenbruch noch zutrauen? Harmlose, ausdruckslose Mehrgeschosser, viel freie Fläche, viel Grün. Und immer wieder Unterbrechung: liebende, lesende, schaufelnde Menschen in Bronze oder Beton. Magdeburgs Innenstadt ist mit neuerer Kleinplastik bestückt, als gelte es, die Leere mit Nachdenklichkeit zu füllen. Teils schöne Sachen, teils solche, denen die Ambition schon von fern anzusehen ist.

Stehengeblieben ist das Kloster Unser lieben Frauen (11.–12. Jh.), ein romanisches Kleinod und Herberge einer „Nationalen Sammlung Kleinplastik der DDR". Stehengeblieben wie durch ein Wunder ist auch der Magdeburger Dom, eines der wertvollsten Denkmale mittelalterlicher Baukunst in Europa. Die Dome von Naumburg und Halberstadt mögen schöner sein; dieser ist ehrwürdiger, monumentaler. Wie ein Mahnmal ragt er zum Himmel auf und gibt dem großen Nachhall seine Würde.

Nördlich von Magdeburg, wo die Havel in die Elbe mündet, besteigen wir einen Schleppkahn, der an langem Seil und beinahe geräuschlos flußauf gleitet. Nach dem Ballonfahren ist dies eine nicht minder noble Art der Fortbewegung. Nicht zu vergleichen mit der ebenerdigen, vierrädrigen, die momentan so in Mode ist, daß in der Ost-West-Richtung alle Straßen verstopft sind und sich auf der Helmstedter Autobahn der gesamte Ost-West-Handel abzuspielen scheint. Wie wir den Ballon wiederentdeckt haben als geräuschloses Fluginstrument, so laßt uns auch die Frachtkähne wiederentdecken als eines der eleganteren Transportmittel. Von oben sieht man, wie die Straßen sich als ein Spinnennetz übers Land gelegt haben; im Westen ist es schon recht eng. Und wer, frag' ich euch, ist gefangen, wenn die große Spinne ihre Arbeit vollendet hat?

Die Havel ist ein Seen-Fluß, ihren Namen hat sie von den wendischen Siedlern, die auch den havelländischen Dörfern ihre Namen gegeben haben. Hav heißt See; und zwischen Brandenburg (der Stadt) und Potsdam tut sich im Havellauf ein See nach dem anderen auf. Hier bin ich sommers gesegelt, hier kenn' ich mich aus, weiß von den kleinen, den halbverfallenen Gutsschlössern, die zwischen hohen Pappeln, unter wucherndem Efeu stehen.

Auch die Hohenzollern haben hier in gut preußischer Schlichtheit die Landschaft mit Architektur veredelt. Theodor Fontane berichtet davon in seinen schon erwähnten „Wanderungen durch die Mark Brandenburg". Er schildert eine Gegend, die es in ihrem heiteren und verschwiegenen Charakter noch gibt, wenngleich von den Schlößchen und Pavillons nicht mehr allzuviel geblieben ist.

Wo die Hohenzollern – in Friedrichs II. Nachfolge – den Traum von der „idealen Landschaft" zu verwirklichen trachteten, da fiel den DDR-Oberen nichts Besseres ein, als abgrundhäßliche agrarindustrielle Bauten, krude Wohnsilos in die Landschaft zu setzen und riesige Apfelplantagen anzulegen, Monokulturen mit den allbekannten Nachteilen. Im Blick hatten sie den Westexport; als niemand im Westen die langweilig-süßen Äpfel mochte, wurden sie als Säfte exportiert, auch die havelländischen Kirschen, Gurken, Erdbeeren, Tomaten gingen, wo irgend möglich, für Westgeld außer Landes. Ins Land kam dafür täglich tonnenweise Müll, der nahe dem stillen Fischerdorf Ketzin ungesichert deponiert wurde. Wer also glaubt, der große Ausverkauf habe erst nach der Wende begonnen, der irrt gewaltig.

Da ist Werder, das havelländische Obstbauzentrum; da ist die „Friedrichshöhe", einst das beliebte Ausflugslokal der Berliner, wenn sie hier zur Baumblüte anreisten. Der junge Obstwein, den es zur Baumblüte gibt, geht einem so in die Beine, daß man dereinst von der „Friedrichshöhe" eine Rutschbahn für die Volltrunkenen baute; für die Rückfahrt nach Berlin gab es einen Viehwaggon extra. Auf der Friedrichshöhe saß auch Christian Morgenstern, trank regelmäßig, aber mäßig und erdichtete dabei seine abstrusen Korffschen Miniaturabenteuer.

Das also ist Werder – und das ist der ehemalige Werdersche Fliegerhorst, wo bis vor kurzem noch die Russen residierten. Nun

ja, „residieren" ist ein unpassendes Wort, so besonders gut ist es den Russen in den deutschen Kasernen nie gegangen.

„Die Freunde" hießen sie offiziell, inoffiziell war das eine ironische Bezeichnung. Hinter der lückenhaften Lattenwand ihrer Kaserne standen sie, wenn wir zum Segeln gingen. „He, Kam'rad!", riefen sie und versuchten heimlich, ihre armselige Habe zu verkaufen... Die Sieger als Verlierer, heimgekehrt aus dem besiegten Deutschland, muß es ihnen scheinen, als hätten sie diesen „Großen Vaterländischen Krieg" nicht gewonnen, sondern verloren.

Ich hab diese Kaserne einmal von innen kennengelernt. Die Russen haben uns vierzehnjährigen Bengeln das Leben gerettet, als wir beim ersten Frühlingssturm einander unbedingt beweisen wollten, was für tolle Segler wir sind. Die Sonne war schon untergegangen, als wir kenterten, das Wasser eiskalt; eine Stunde haben wir nach unseren Sachen gefischt und auf Hilfe gehofft. Die Havel ist, wie gesagt, ein Fluß aus Seen, zum Teil recht großen Seen, wie wir an diesem Märzabend feststellen mußten. Als wir nichts mehr sagen und denken konnten und nur noch schlotternd aushielten, hörten wir ihre Fischerkähne tuckern. Im Lazarett bekamen wir murmelgroße Vitaminpillen, eine Kampfer-Abreibung, eine heiße Kartoffelsuppe und ein Wasserglas voll Wodka. – Und waren am nächsten Morgen wieder putzmunter.

Auch in Potsdams Villen haben sie gehaust, und auch hier – wie auf dem kerosinverseuchten Übungsgelände – gibt es eine Hinterlassenschaft, die schlechte Erinnerung befördert. Ich habe keine schlechten Erinnerungen an die Besatzer, ich bedaure nur, ihnen in all den DDR-Jahren nicht nähergekommen zu sein. Das ist – trotz der offiziellen Geschäftigkeit der „Gesellschaft für deutsch-sowjetische Freundschaft" – so erwünscht nicht gewesen: ein privater, inoffizieller Kontakt. Schade. Schade um eine Chance, sich besser kennenzulernen, sich in aller Ruhe von vier Jahrzehnten menschlich zu nähern.

Die Freunde. – Da saßen sie an ihrem 8. Mai, dem „Tag der Befreiung", vor den gepflegten Kriegsgräbern in Reih und Glied. Sie hatten in der Musikkapelle sozusagen Ausgang, was es für die Muschiks, die einfachen Soldaten, sonst gar nicht gab, und glotzten, eine Trommel oder Posaune auf den Knien, ungläubig in die Gegend. Wir haben gefeixt. Sie fuhren mit ihren grünen Klapperkisten immer in der falschen Spur, bogen ab, ohne zu blinken. Und wir haben geflucht. Sie fahndeten nach ihren Ausreißern, die es immer wieder gab, auch wenn ihnen entsetzliche Strafen drohten. Und wir haben gelacht. Die Russen gehen, und erst jetzt fragt man sich, nein, auch jetzt nicht: wie haben die da eigentlich gelebt - neben uns?

Potsdams feudalistische Traditionen hatten für sie gewiß etwas Vertrautes. Offiziere der Sowjetarmee waren oft in den Parkanlagen und Schlössern von Sanssouci anzutreffen, noch öfter freilich im Schloß Cäcilienhof, wo 1945 das Potsdamer Abkommen geschlossen wurde. Eine Art Heiligtum: Hier konnte man sich des Sieges vergewissern, wenn man sonst wenig Anlaß dazu fand. Friedrich II. hat, um den Zaren Peter I. zu beherbergen, eines seiner schönsten Schlösser bauen lassen. Es ist die Orangerie, kein eigentliches Schloß, aber, nimmt man den Blick von unten über die Terrassen mit dazu - ein majestätischer Bau. Natur und Kultur, Landschaft und Bauten, wir sind bei dem Thema, das auch Friedrichs Thema war. Auch das Schlößchen „Sanssouci" lebt ja davon, daß es von Weinterrassen erhoben wird.

„Natürlichkeit" - eine wichtige Maxime der Aufklärung; Friedrich und seine Architekten haben sie in Potsdams Parklandschaften auf wunderbare Weise beherzigt, das heißt, eine „künstliche Natur" erschaffen, die zugleich Kultur ist, einen natürlichen Lebensraum, der menschlicher Lebensraum ist. Eine Illusion, wie wir heute wissen, aber eine, die in Potsdam ihre schönsten Blüten trieb.

Das Knobelsdorff-Schlößchen läßt mit seinen hohen Fenstern so viel Licht und Landschaft ein, wie irgend möglich. Innen wird das Außen noch gespiegelt: in hohen Wandspiegeln (Marmorsal) oder auch in

rankenden Ornamenten, in der Andeutung von Weinreben und Laubengängen, wie sie sich im Musikzimmer finden. Drinnen sollte auch draußen sein, draußen auch drinnen. Hier hat der Alte Fritz am liebsten seine Tage zugebracht, hat nach den Staatsgeschäften viel gelesen, musiziert, mit Europäern wie Voltaire philosophiert; etwas von der lichten Heiterkeit, von der Intellektualität dieser Sommer und dieses Monarchen ist hier zu finden, es ist an diesem Ort, in dieser Art, sich in die Landschaft einzupassen, ein Ganzes zu kreieren aus Unvereinbarkeiten. Das ist der Park, das sind die Schlösser von Sanssouci, aber auch die Parks und Landschaftsbauten der Umgebung, das Schlößchen auf der Pfaueninsel, das Belvedere auf dem Pfingstberg. Als weißes Amulett trägt die Insel das eine am Hals aus dunkelgrüner Waldung; mit einem Aussichtsturm und hohen freitragenden Wandelgängen krönt das andere den Berg. Das Sakrower Kirchlein gehört in diese Reihe, das all die Jahre am Havelufer im Niemandsland stand, im sogenannten Todesstreifen.

Wir sind gelandet. Im hellen Sand der Grenzschneise kann man nun um halb Berlin herumwaten. Und kann sich seine Gedanken machen über das, was sein wird und gewesen ist. Droben gehen die schlanken Kiefern im Wind, die manchen melancholisch machen. Mich stimmen sie heiter, weil sie mir sagen, daß ich daheim bin. Draußen auf der Havel wird gesegelt und gebadet. Vorbei an der einstigen Brücke der Einheit, die über Jahre hin nur Militärs oder Austausch-Spione betreten durften; sie heißt heute wieder schlicht Glienicker Brücke. An der Wannsee-Villa vorüber, wo die „Endlösung der Judenfrage", der Völkermord an den Juden Europas beredet und beschlossen wurde.

Ist das Preußen? Hat man sich damals mit irgendeinem Recht auf den Alten Fritz berufen? Kam nicht zu seiner Zeit, wer irgend verfolgt wurde in Europa nach Preußen, in seinen Staat, der gerühmt ward wegen seiner Toleranz? Und der Preußische Ikarus in Biermanns Lied, der „mit grauen Flügeln aus Eisenguß" an der Weidendammer Brücke über der Spree hängt – der Preußenadler: war er es, der alles Unheil über uns brachte? Waren wir es? Wer sind „wir"?

Der Weg übern einstigen Todesstreifen führt uns am Führerbunker vorbei: Hier hat alles aufgehört, nachdem es längst zu Ende war. Noch ein Zuspät. Noch fünfundvierzig Jahre später finden wir uns bei diesem Ende wieder, das zugleich ein Anfang sein soll. War das bloß eine Nachkriegszeit? Eine Übergangszeit, wie man im Osten immer sagte? Und wenn es eine Zwischenzeit war, wo sollen wir anknüpfen? Beim alten Heinrich? Beim schlafenden Barbarossa? Beim Alten Fritzen? Brauchen wir solche Anknüpfungen überhaupt? Hängen wir ganz in der Luft ohne sie? Bleischwere Fragen, wenn man sich damit durch den märkischen Zuckersand schleppt, „immer anner Wand lang", die schon gar nicht mehr steht.

Hinterm Führerbunker, steht das Tor, auf dem wir fröhlichen Deutschen in der ersten Silvesternacht nach der Maueröffnung vor lauter Freude die Quadriga demoliert haben. „So ein Tag, so wunderschön wie heute...!" – das Gebrüll, das Büchsenbier, die Deutschlandfahnen und mittenmang Fritze Pleitgen und die anderen deutschen Könige der Medienzeit. Sind wir das? Sind wir so? Wie sind wir sonst? Am Tor steht die Gondel, und das Angebot ist zu verlokkend, gerade hier in die Luft zu gehen, abzuheben von diesem Tor, das nach Brandenburg-Preußen weist.

Der Ballon richtet sich auf, füllt sich mit Hitze; wir heben ab. Die schnurgerade Achse kommt in den Blick, die „Linden" hier, drüben die Siegessäule aus Kanonenrohren. Reichshauptstadt wurde Berlin nach einem „gewonnenen" Krieg, 1871. Uns schwoll der Kamm: Nach dem Vorbild der besiegten Hauptstadt Paris und mit erpreßten französischen Millionen sollte die deutsche Hauptstadt erblühen. Gründerzeit! Zeit deutschnationalen Hochmutes. Es hat lang gedauert und es hat viel gekostet, bis uns der vergangen ist, bis wir vielleicht gelernt haben, daß man Kriege nicht gewinnen kann.

In die einstige Prachtstraße Unter den Linden sind Lücken geschlagen, die Schinkels schlichte klassizistische Bauten heute wie Implantate erscheinen lassen. Da verbindet sich nichts mehr, da gibt es keine Verknüpfung zwischen Zeiten und Fassaden. Lauter Brüche, historische, stilistische – sind wir das? Gebrochen? Aber seit wann? Seit dem Dreißigjährigen Krieg? Seit der vermurksten Revolution von 1848? Seit dem Ende des Kaiserreiches 1918? – „Wirf Ballast ab!" ruft der Pilot, „wir treiben direkt auf den Fernsehturm!"

Der Wind hat aufgefrischt, er jagt uns über die Linden hin, die grad so alt sind wie der Nachkriegsfrieden; unser Pilot heizt, was er kann, doch der Ballon steigt nicht schnell genug, um über die 365 Meter des „Telespargel" hinwegzukommen. „Wirf Ballast ab!" fleht der Pilot, aber wir haben nichts mehr, was entbehrlich wäre. Die Knobelsdorffsche Staatsoper zur Rechten, links das Zeughaus – der Dom, das Rote Rathaus und der „Palazzo Prozzi" in der Mitte: Für all das haben wir nun keinen Blick mehr. Wir nähern uns dem Sonnenkreuz, der spiegelblanken Kuppel von „Sankt Walter", dem Fernsehturm, in dessen Aussichtsplattform sich die Menschen drängen, um unserem Vorbeiflug oder Absturz beizuwohnen.

Ganz nahe sind wir schon, sehn schon, wie sich der Turm unter der Last der Gaffer uns entgegenneigt... „Wirf Ballast ab!" keucht der Pilot in höchster Not. Da hol ich meine dicksten Brocken aus der Tasche, die Deutschland-Fragen nach Woherwohin, nach Wer-sind-wir und Wie-sindwir und Woran-soll'n-wir-knüpfen; ich laß sie einfach runter auf den Alex plumpsen. Da macht es „plitsch!" und „plumb!" und nichts bleibt, als ein feuchter Kehricht. Der Abwurf hat uns sehr erleichtert. Es treibt uns auf, und glücklich überschweben wir die Spitze von Berlin, an der wir fast gescheitert wären. ◀

die Elbbrücken bei Dömitz, Symbol der Teilung Deutschlands

Schwerin, neue Hauptstadt von Mecklenburg-Vorpommern

im Schweriner Schloß
tagt heute der Landtag

Mummendorf bei Grevesmühlen, Mecklenburg

Hafen und Stadtzentrum von Wismar, einst mächtige Hansestadt

Wismar war der
zweitgrößte Seehafen
der ehemaligen DDR

Giebelhäuser aus dem 17. Jh. säumen den Marktplatz

Backsteingotik, Ruine der Georgenkirche, links die Marienkirche

Sanft gewelltes Land

Mecklenburg wurde von der Eiszeit geformt

typischer DDR-Campingplatz, Stresower Bucht auf Rügen

Picknick an der Unterwarnow bei Rostock

Wohlenberger Wiek an der Wismarer Bucht

Übersee- und Fischerei-
hafen Warnemünde

Großsegler aus aller Welt kamen zur Hanse Sail '91

Rostock war wichtiger Überseehafen, „Tor zur Welt"

Stellwerk der Deutschen Reichsbahn, Rostock

die Unterwarnow
prägt das Stadtbild
der alten Hansestadt

alter Wasserturm, Rostock

Handels- und Lagerhäuser in Rostock

die Hansestadt Rostock, 1161 erstmals urkundlich
erwähnt, würde im 2. Weltkrieg stark zerstört

Mähdrescher einer LPG im Ernteeinsatz, Insel Rügen bei Putbus

ein paar Baüminseln in weitem Agrarland

Dorfkirche von Vilmnitz, Insel Rügen

Stillgelegte Bahnstrecke
bei Putbus auf Rügen

Stralsunds Altstadt wird von Wasser und Parks eingerahmt

Hansestadt am Strelasund, das Stadtbild erzählt von ihrer Blüte

Nikolaikirche und Rathaus vor der Hafenkulisse Stralsunds

die Seebrücke von Ahlbeck, Ostseebad auf Usedom

Wie eine Sichel schneidet Usedom das Achterwasser vom Meer ab

absinkender Damm
auf der Insel Usedom

Ostseebad Ahlbeck,
4 km Sandstrand

Ballon fertig zur Abfahrt, Seebrücke von Ahlbeck, Usedom

WBS - 70 - Plattenwerk und Produkt bei Greifswald

Hansestadt Greifswald, Betonplattenbau statt Restaurierung

Agrarlandschaft bei Wesenberg, Mecklenburgische Seenplatte

Silos einer LPG bei Dresedow

Mehr als 1000 Wasserflächen zählt die Seenplatte

Wie ein Schleier breitet sich der Morgennebel über die Landschaft

Mecklenburgs Seen entstanden während der letzten Eiszeit

Wälder, Äcker, Seen,
Alleen – Geometrie
einer Landschaft

über dem Rätzsee

Mecklenburg, ein Traum für Wasserwanderer

fliehendes Rotwild im flachen Wasser des Müritzsees

Naturschutzgebiet, einst Jagdrevier der Parteispitze

Pionierschrott der Sowjetarmee bei Werder

Sowjetische Kaserne bei Naumburg

Reichstag und Spreeknick, die Mauer verschwunden

das Brandenburger Tor, über Jahrzehnte Symbol der Teilung

Berlins berühmteste Flaniermeile Unter den Linden

Gendarmenmarkt mit Französischem Dom und ehemaligem Schauspielhaus

Kreuzberg, Thomaskirche
die Mauer als Narbe

Berliner Osthafen, Spree
und Rummelsburger See

Berliner Block mit Zwinglikirche

Blick über Friedenskirche und
Schloß Sanssouci, Potsdam

Theaterruine, Altes Rathaus und Nikolai-Kirche in Potsdam

Schloß Sanssouci – „Sorgenfreier" Lieblingssitz Friedrichs II.

Blick zurück über die Orangerie

das Neue Palais, gebaut als königlicher Sommersitz, Potsdam

Obstblüte im Havelland bei Ketzin

abgeholzte Obstplantage, Ketzin

Großer Plessower See, Havelland bei Werder

alte Reichsautobahn

Vor Ketzin trifft der Havel-Kanal auf den Sacrow-Paretzer Kanal

Segelidylle am Beetzsee

Havellandschaft

der alte Stadtkern von Werder liegt auf einer Insel im Großen Zernsee

ehemaliges Kloster Chorin am Amtssee

das Kloster wurde 1258 von Zisterziensermönchen gegründet

der Magdeburger Dom am geschundenen Fluß Elbe

ehemalige Klosterkirche Unser lieben Frau, Elbufer

Neubaugebiet Olvenstedt, nördlich von Magdeburg

romantische Ansicht des Magdeburger Hafens im Morgennebel

Schloß Wörlitz, englischer Landschaftspark in den Elbauen

Oranienbaum, Schloß und Park im Stil des holländischen Barock

Eisenhüttenkombinat Ost - kurz: EKO

Eisenhüttenstadt, sozialistische Musterstadt für den Neuen Menschen

Schloß und Kunstlandschaft eines englischen Gartens verschlangen das ganze Vermögen (und das seiner Frau) des Fürsten Pückler-Muskau

heute teilt die Neiße als Grenze den Landschaftspark

Spreewald Kähne warten auf Touristen

unzählige Fließe durchziehen den Spreewald

„Błota", sorbisch für Sümpfe, eine einzigartige Niederungslandschaft

nicht nur Kähne finden den Weg ins Innere des Spreewalds

Kombinat „Schwarze Pumpe", Braunkohlevergasung bei Spremberg

ein Ökologisches
Notstandsgebiet

riesige Abraumbagger,
hier 80 m unter der
Erdoberfläche

Braunkohle war der Hauptenergieträger der DDR

Wo gestern noch ein malerisches, sorbisches Dorf, ...

gähnen vielleicht schon morgen riesige Schlünde aufgerissener Erde

Bautzen, historisches Stadtbild, das erschreckend schnell zerfällt

Blick auf Hauptmarkt und Alte Wasserkunst über der Spree

Stadt der Sorben, eine der schönsten Stadtsilhouetten des Ostens

Wäre da nicht das „Haus der Mode" im Stadtzentrum

Kletterparadies Sächsische Schweiz, Rauenstein

Schneehauben über Quarzsandstein

ein Tafelbergland, von der Elbe durchschnitten

typische Felsformation des Elbsandsteins bei Rathen

Heinrich I. gründete
929 die Burg „Misni"

der Dom ist schon eingerüstet

der Meißener Dom
auf der Albrechtsburg
zum Greifen nah'

Meißen wurde vor allem durch seine Porzellanmanufaktur berühmt

Dresden, Elbflorenz, einst eine der schönsten Barockstädte der Welt

Dresdener Zwinger,
Meisterwerk des
höfischen Barock

im Bombenhagel des Februar 1945 fast völlig zerstört, 1991 Großbaustelle

das alte Tabakkontor

Sozialistische Betonplattensiedlung im Westen von Dresden

Trabantenstadt Prohlis, Dresden-Stadt

Pillnitz, Lustschloß und barocker Schloßpark August des Starken

Bergpalais als Spiegel-
bild des Wasserpalais

Winterstimmung in einem Dorf bei Beierfeld, Erzgebirge

Über 130 km erstreckt sich das Erzgebirge zu beiden Seiten der deutsch-tschechoslowakischen Grenze

die Wälder des Erzgebirges wurden in den Silberschmelzen verfeuert

Silberbergbau begründete einst den Wohlstand der Städte, Scheibenberg

Naumburg, Altstadt

der Naumburger Dom, einer der bedeutendsten deutschen Sakralbauten

Lutherstadt Erfurt,
Domberg mit Dom
und St. Severi-Kirche

Über 1200 Jahre alt ist die Handels- und Universitätsstadt

heute füllen wieder Marktstände den riesigen Domplatz

Eisenach, Industriestadt zu Füßen der Wartburg

die Wartburg auf dem Wartberg, Thüringer Wald

hier übersetzte Luther
das Neue Testament
aus dem Griechischen

Kyffhäuserdenkmal – was würde aus der Sage von Kaiser Rotbart?

Verlassene Trainingsanlage für Grenzsoldaten bei Eisenach

Chemiekombinat Böhlen bei Leipzig

Uranbergbau bei Ronneburg / Gera

Verwaltungsgebäude der Wismut AG

Messestadt Leipzig
Neues Rathaus

Leipzigs Hauptbahnhof, einer der größten Kopfbahnhöfe Europas

die Leipziger Luft gilt
als die schlechteste im
Osten Deutschlands

Braunkohlebagger hinter abgebrochener Bockwindmühle bei Gerbisdorf

Sanierung in Etappen, Leipzig-Stadt

Wernigerode, Touristenmagnet im Harz

Marktplatz von Wernigerode/Harz

Blick hinüber zur Burg Wernigerode

Quedlinburg, alte
Kaiserstadt am
Nordrand des Harzes

Quedlinburg ist berühmt für seine mittelalterlichen Fachwerkhäuser

aber auch die Braunkohleöfen bestimmen das Stadtbild

Michael Albrecht

Himmelfahrt über Deutschlands Osten

„Wo wollen Sie denn hintelefonieren?", fragte die dauergelockte Dame, die schon geraume Weile mit ihrem Fahrrad vor dieser Telefonzelle in Wieck bei Greifswald wartete. Auch ohne Ballon, schon kurz vor dem Abheben, versuchte ich seit 20 Minuten vergeblich eine Leitung zur Flugsicherung nach Ostberlin zu bekommen. „Das geht hier aber nicht, von dieser Telefonzelle können Sie nur hier im Dorf telefonieren!", sprach's und zeigte auf einen kleinen Aufkleber links unten am Apparat: *Nur für Ortsgespräche*. Ein heißer Sommernachmittag Ende August 1990, unser zweiter Ballonausflug in den Osten und die Kommunikation 'Made in GDR' zeigte sich wieder einmal von ihrer grausamsten Seite.

Mit dem Ballon über Ostdeutschland, das war zu DDR-Zeiten nur etwas für Traumreisen, für Freiheitsträumer. Während Anfang der 50er Jahre in Westdeutschland an die erfolgreiche Vorkriegszeit der Sportballonfahrt angeknüpft wurde und in den letzten 10 Jahren mit der Renaissance des Heißluftballones weltweit ein wahrer Boom entstand, war Ballonfahren in der DDR völlig unbekannt – bemannte Ballons waren verboten.

Die 'Gesellschaft für Sport und Technik' bildete zwar auch Segel- und Motorflieger aus, dies hatte jedoch primär militärische denn sportliche Beweggründe. Und militärisch ist ein riesiger, unlenkbarer Ballon so wertvoll, wie ein Platten am Auto. Wozu also ballonfahren? Im Gegenteil: Hatten doch im Jahr 1978 zwei Familien dem Arbeiter- und Bauernstaat per Heißluftballon erfolgreich den Rücken zugekehrt.

In einer Nacht- und Nebelaktion starteten die Familien Strelzyk und Wetzek mit ihrer selbstgebauten Montgolfiere im Grenzsperrgebiet von Thüringen, um über den eisernen Vorhang nach Bayern zu hüpfen. Für einen Ballonprofi mit erprobtem Gerät ein tollkühnes Abenteuer, für die beiden Familien war es ein gefährliches Spiel mit dem Leben.

Unter dem Vorwand, Zelte für ein Jugendlager nähen zu wollen, hatten sie über tausend Quadratmeter Stoff für den Ballon gekauft. Die konstruktionstechnischen Vorgaben errechneten sich die beiden Tüftlerväter mit Hilfe eines Physikschulbuches. Besondere Schwierigkeiten machte die Entwicklung des Brenners, der eine hohe Brennleistung von umgerechnet mehreren tausend PS entfalten mußte. Testen war unmöglich, denn ein solcher Brenner ist sehr laut und die Erklärung an die Nachbarn 'Wir bauen uns einen Freiluftballon', wäre unter den damaligen Verhältnissen einem Antrag auf Inhaftierung gleichgekommen.

So wurde der Fluchtballon gleich in der Praxis getestet, im Grenzsperrgebiet auf einer Waldlichtung aufgestellt und mit beiden Familien beladen. Als Korb diente eine schwere Stahlplatte, die vor Schüssen schützen sollte. Der Ostwind, der den Ballon nach Westen treiben sollte, war jedoch, wie auch der Brenner, zu schwach für diese Last. Der Ballon ging schon auf der falschen Seite des Zaunes nieder. Glücklicherweise wurde der im Grenzsperrgebiet zurückgelassene Ballon erst von den Grenztruppen gefunden, als beide Familien unversehrt nach Hause zurückgekehrt waren.

Den Stoff für eine neue Ballonhülle mußten sie nun quadratmeterweise in der ganzen Republik zusammenkaufen, um nicht in Verdacht zu geraten. An einem Sonntag im August gelang die Flucht im zweiten Anlauf schließlich. „Ich kauf' mir einen bunten Luftballon...," wurde über Nacht zum subversiven Schlager in der DDR.

Die zweite Ballonfahrt in der DDR fand zum Schrecken der Parteioberen direkt vor ihrer Haustür statt. Ende August 1983 überquerten der deutsche Gerd Leipold und der Brite Jon Sprange mit ihrem Greenpeace-Ballon die Mauer von West nach Ost. Sie wollten mit dieser Aktion gegen die Atomwaffenteste der vier in Berlin präsenten Atommächte protestieren.

Die DDR-Behörden entledigten sich des Problems recht unbürokratisch, indem sie die beiden 'Provokateure', die in der Nähe des Schönefelder Flughafens gelandet waren, binnen Stunden abschoben. Am Tag danach schossen die Sowjets eine koreanische Passagiermaschine ab. Im Schatten dieser Katastrophe verpuffte die gezielte 'Provokation' der DDR per Ballon. Das Gerät erhielt Greenpeace nach zwei Jahren und der Zahlung von 8000 DM 'Lagergebühr' unbeschadet zurück. Auch die Alliierten-West verhängten eine Geldstrafe: wegen illegaler Einfuhr und Gebrauchs einer Kriegswaffe in West-Berlin. Denn ein Ballon ist ein Fluggerät und somit nach alliiertem Besatzungsrecht als eine Kriegswaffe zu behandeln!

Ungarn öffnete im „Sozialistischen Lager" Anfang der 80er Jahre als erstes Land den internationalen Ballonfahrern seinen Himmel. Rasch folgten Polen, die CSSR und auch Moskau wurde schließlich von Ballonfahrern aus aller Welt friedlich eingenommen. Nur die DDR war bis Ende 1989 für einen Ballonfahrer unerreichbarer als China oder der Nordpol.

Nach dem Fall der Mauer im Spätherbst 1989 war die staatliche Antipathie gegen die 'bunten Riesen' auch in Ostberlin nicht mehr aufzuhalten. Vor dem Brandenburger Tor wurden Fesselballons genehmigt, und nach dem Jahreswechsel ließ das *Ministerium für Verkehrswesen, Hauptverwaltung Zivile Luftfahrt, Abteilung Flugsicherung* verlauten, daß man im Grunde gegen Ballonfahrten in der DDR an Wochenenden auf Antrag nichts

frühmorgens um fünf, Ballonstart in Ahlbeck

einzuwenden hätte. Schon wenige Wochen später waren die ersten Himmelsstürmer aus dem Westen mit ihren Ballonen unterwegs, um auch in Rostock oder Leipzig in die Luft zu gehen.

Am Tag der ersten 'richtigen' Wahl in der DDR, am 18. 3. 1991, stiegen wir mit fünf unserer aufgeblasenen Kollegen vom Ballonclub Bremen zum ersten Massenstart in den deutschen Arbeiter- und Bauernhimmel. Der Flugplatz bei Magdeburg war eine riesengroße, hocheingezäunte Wiese, die hauptsächlich von Agrarflugzeugen genutzt wurde. Unser Wunsch, die vielen in großer Entfernung vor dem Zaun wartenden Zuschauer auf den Platz und an die Ballone zu lassen, wurde von der uniformierten Interflugplatzleitung in alter Gewohnheit abgelehnt. Doch schon beim Aufrüsten waren wir von Ossis umringt. Der Grund lag nicht etwa in der Einsicht der Flugplatzleitung, sondern einfach im schwindenden Respekt der Menschen vor Mauern und Zäunen.

Karl machte seine ersten Ballonbilder von Magdeburg, das wir von Süd nach Nord überquerten. Und irgendwo auf einer unscheinbaren Wiese nördlich von Olvenstedt wurde an diesem außergewöhnlich warmen Märztag die Idee für diesen Bildband geboren.

In den folgenden Tagen und Wochen hockten Pilot und Fotograf immer wieder bei Keksen und Cappuccino zusammen und versuchten, der zu dieser Zeit noch fast wahnwitzigen Idee, 'Feindesland' mit Luftballon und Kamera systematisch abzulichten, einen friedlichen Rahmen zu geben. Waren doch nicht nur unsere Brüder und Schwestern im Osten zu überzeugen, sondern auch der öffentlichkeitsscheue, sowjetische Militärapparat.

Mit Hilfe unseres Freundes Peter Gärtner, einem im Berlin ansässigen Journalisten, stellten wir eine Liste der für uns interessanten Punkte in der DDR zusammen und malten sie mit großen Kringeln auf einen Satz Karten. Am 12. Juni 1990 hatten wir unser erstes Gespräch bei der INTERFLUG in Berlin-Ost, Flughafen Berlin Schönefeld, *Betrieb Fernerkundung, Industrie und Forschungs-*

Michael zieht den Ballon vom Acker

flug, BT Produktion. Hier war Karls Antrag für seine Luftbildgenehmigung gelandet. Ein solcher Antrag an sich war auch für uns im Westen nichts Neues, mußte man sich doch auch in der Bundesrepublik bis Ende 1990 jedes Luftbild vom Luftamt der zuständigen Bezirksregierung freigeben lassen – eine Frostbeule des kalten Krieges.

Die Herren Ramlow und Otto von der *Interflug-Abtl. Fernerkundung* waren ausgesprochen freundlich und das einzige, was das Gespräch erschwerte, waren die viel zu tiefen Sessel oder der zu hohe Tisch – je nachdem. „Alles kein Problem", resümierten die Kollegen von Interflug und gaben uns sogar eine DDR-Luftraumkarte mit nach Hannover, für deren Herausgabe sie Monate vorher noch in Bautzen gelandet wären.

Es wäre allerdings besser, stellten sie klar, wenn wir immer einen ihrer Mitarbeiter im Ballon mitnehmen würden. Nach 40 Jahren DDR roch das zunächst nach Überwachung. Aber es war vermutlich nur das Engagement der Kollegen von der Fernerkundung in diesem Joint Venture. Gegenüber den Sowjetischen Militärbehörden trat Interflug sogar als Antragsteller auf, um deren Spionagephobie zu besänftigen.

Nach wochenlangem Hin- und Herschicken von ellenlangen Anträgen und weiteren Besuchen bei der Interflug-Abteilung mit diesem zu allerlei Spekulationen hinreißenden Namen, und nicht zuletzt dank des persönlichen Einsatzes von Herrn Ramlow erhielten wir Mitte Juli die Luftbild- und die Startgenehmigung: auf grauem Papier mit fast unleserlichem Telex-Schriftbild: Unsere *rote nr. 180/90*, der Code, mit dem wir in Zukunft am Telefon die Freigabe unserer Starts erreichten.

Es folgten eine Reihe von Auflagen. Anfangs durften wir nur an Sonn- und Feiertagen fahren. Zunächst mußten unsere Fahrtziele einen Tag vorher bei Interflug angemeldet werden, Interflug meldete unsere Fahrt für uns bei den Militärbehörden an.

Von unseren 48 Zielpunkten, die mit den Kennziffern der Planquadrate der DDR-Luftkarte gekennzeichnet waren, wurden uns nur vier verweigert. Sie alle lagen in der Kontrollzone Berlin. Bei sechs anderen Zielen war die Fahrtrichtung vorgeschrieben: wir durften nicht in die ADIZ hineinfahren. Die ADIZ, eine militärische Pufferzone zwischen den beiden politischen Machtblöcken wurde ebenso scharf von den Alliierten bewacht. Noch im Frühjahr 1991 war aus eben diesem Grund verboten, z. B. von Bad Harzburg über den Brocken in die Ehemalige zu schweben.

Unter Sechstens wurde die Gültigkeit geregelt: „diese genehmigung hat nur gueltigkeit unter der gegenwaertigen rechtslage der ddr. sie erlischt zum zeitpunkt der uebernahme der luftfahrtgesetzgebung der brd durch die ddr." Die bisher übliche Beschränkung der Ballonfahrten in der DDR auf Wochenenden und Feiertage wurde uns nach einem zusätzlichen Antrag gestrichen. Es konnte losgehen.

Schon Tage später entpuppte sich eine Auflage der Startgenehmigung, die Ballonfahrt mindestens 24 Stunden vor Fahrtantritt bei der uns zugewiesenen Luftraumkoordinierungsstelle ATCC (Air-Traffic-Control-Center) in Berlin-Schönefeld telefonisch anzumelden, für uns multikommunikationsmittelverwöhnten 'Wessis' als wahrer Alptraum: nach viereinhalbstündigem ununterbrochenem Wählen ein freundliches „Hallo!, Hallo!, ich kann Sie nicht hören, Teilnehmer, bitte rufen Sie noch mal an." Dann Klick. Verzweiflung, Wut und wunde Finger.

Unsere erste freie Fahrt: 24 Stunden später an einem Samstagmorgen um sechs Uhr in Mirow, einem Dorf unweit des größten Sees der DDR. Neben dem üblichen Telefonfrust erstaunte, daß der Telefonzellenapparat hier, knapp fünf Wochen nach der Währungsunion, schon auf 'richtiges' Geld umgestellt war. Und das im tiefsten Mecklenburg-Vorpommern, das Kaiser Wilhelm als Fluchtburg vor dem Weltuntergang empfohlen hatte, weil dort alles 50 Jahre später passiert. Schon nach dem Gespräch mit der Flugwetterberatung waren unsere Markstücke erschöpft. Niemand in diesem Dorf hatte West-

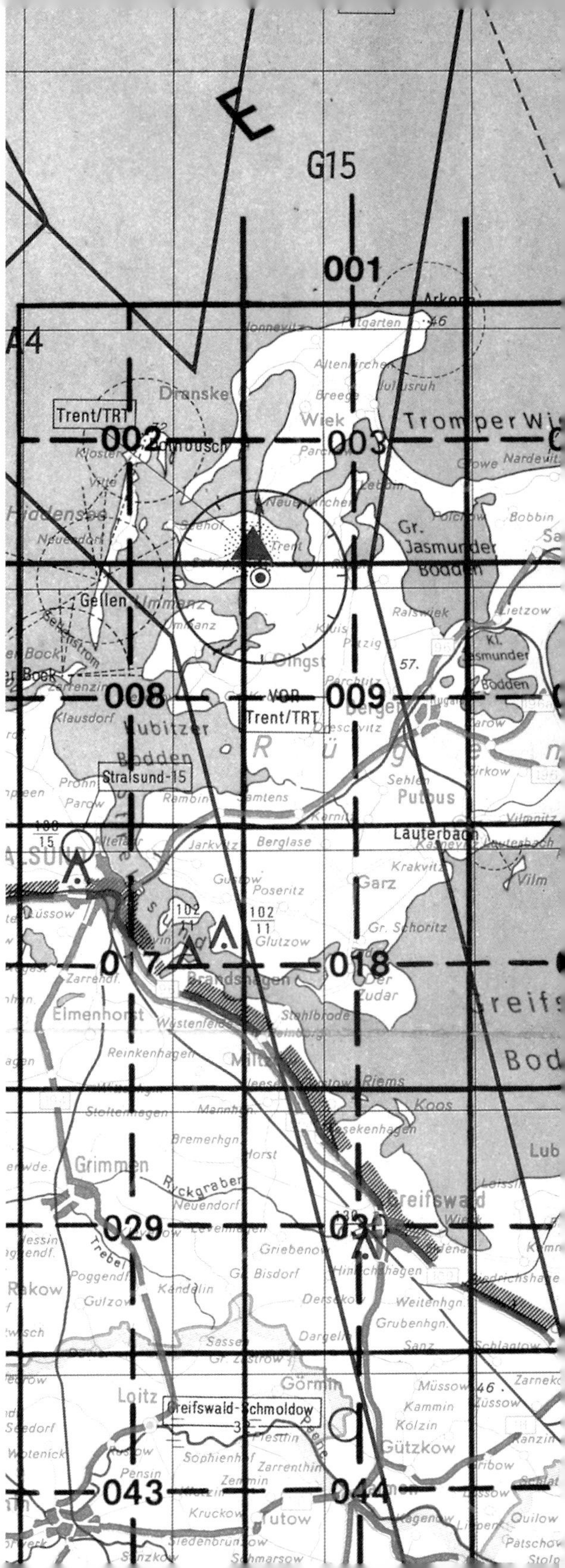

die Verfolger sind schnell zur Stelle und helfen mit

kleingeld und so gaben wir nach einstündiger Suche auf, Geldwechseln zwecklos. Das zweite Telefon im Ort machten wir in einer Kneipenküche aus und bezahlten mit einem Schein.

Es ist der vierte August, unser erster Fototermin gleich in einer der schönsten und natürlichsten Landschaften, der Mecklenburgischen Seenplatte. Fünf Uhr früh. Unsere 'Aufpasser' sind nicht zum verabredeten Treffpunkt erschienen. Eine abgemähte Wiese in der Nähe des Sees ist nach Erlaubnis durch den LPG-Leiter („Steckt mir ja nichts in Brand!") unser erster Startplatz, umzingelt von der Hälfte der Dorfbevölkerung. Wir hören zum ersten Mal den Spruch, der uns in Zukunft überall begegnete, wo wir mit unserer knallblauen Kugel auftauchten: „Vor 'nem halben Jahr wär' statt uns die Stasi euer Begrüßungskomitee gewesen."

„Ist das 'ne neue Technik, habt ihr keine Sandsäcke mit wie früher?", fragt ein älterer Landarbeiter nach eingehender Prüfung fast fachmännisch. Sandsäcke finden allerdings nur beim Gasballon Verwendung. Ich möchte diese häufige Verwechslung zum Anlaß nehmen, ein wenig über die Geschichte des Ballonfahrens zu plaudern.

Der Heißluftballon war das erste Luftfahrzeug überhaupt, das Menschen in den Himmel beförderte und auch heil und lebendig auf der Erde wieder ablieferte – schon vor 200 Jahren. Idee und Entwicklung verdankt der Heißluftballon dem experimentierfreudigen Joseph Michel Montgolfier, einem Papiermanufakturbesitzer aus Annonay bei Lyon. Als königlicher Hoflieferant zu Reichtum gelangt, beschäftigten sich der gebildete und praktisch veranlagte Joseph und sein 5 Jahre jüngerer Bruder Jacques Etienne seit 1782 mit „dem natürlichen Aufsteigen des Rauches und der Wolken in die Atmosphere".

Der damals 42jährige Papierfabrikant versuchte zunächst, den aufsteigenden Rauch in Papiertüten einzufangen und so als Auftriebsmittel zu nutzen. Über dem Feuer erwärmte Luft dehnt sich aus, wird leichter als die Umgebungsluft, steigt auf und bedeutet für den Ballon Auftrieb. Montgolfier hatte dieses Naturgesetz jedoch nur unvollständig entdeckt. Montgolfier erkannte nicht die heiße Luft als treibende Kraft, sondern vermutete den Auftrieb im Rauch. Fazit: je mehr Qualm, je stinkender und beißender der Rauch sei, desto größer der Auftrieb. Deshalb heizte er seine mit Meterdurchmessern noch kleinen 'Stinkkugeln' über Feuer aus nassem Stroh und gehackter Wolle auf.

Nach den ersten erfolgreichen Aufstiegen packte auch Etienne das aerostatische Fieber, und sie bauten im Sommer 1783 einen über zehn Meter hohen Ballon mit 625 Kubikmetern Inhalt. Dieser Ballon bestand aus stabilem Leinengewebe, das zur Abdichtung mit Papier ausgekleidet war. Um die etwa zwei Meter große Öffnung am unteren Ende der Hülle war ein Holzrahmen angebracht. Dieser Ballon, einmal gefüllt, besaß bereits einen so starken Auftrieb, daß er von acht Männern am Holzrahmen niedergehalten werden mußte. Auf ein Zeichen ließen sie los und die schwankende Kugel stieg vor dem verblüfften Publikum auf ungefähr 2000 Meter Höhe. Dort schwebte der Ballon etwa zehn Minuten und ging sanft nach etwa zweieinhalb Kilometern wieder nieder.

Am 19. September des Jahres schickte Etienne Montgolfier in Gegenwart König Ludwig des XVI. die erste Ballonbesatzung in einem Weidenkorb in den Versailler Himmel: ein Schaf, ein Huhn und eine Ente. Der König und das anwesende Volk waren begeistert, nur vom Aufrüstfeuer nahm man Abstand, denn man verbrannte zur 'Verbesserung' des Auftriebs sogar alte Schuhe und verwesendes Fleisch. Ballonfahren war in seinen Anfängen also eine im wahrsten Sinne 'atemberaubende' Angelegenheit.

Die drei Luftfahrer wider Willen benötigten für die dreieinhalb Kilometer lange Fahrt mit einer Gipfelhöhe von etwa 550 Metern acht Minuten. Alle waren wohlauf, nur der Hahn hatte sich einen Flügel verletzt. Doch die dadurch genährten Zweifel an der Sicherheit von Luftfahrten wurden rasch von Zeugen zerstreut, die gesehen hatten, daß das Schaf den Hahn noch vor dem Start getreten habe.

Nun stand der bemannten Luftfahrt nichts mehr im Wege, doch der König bestand darauf, daß nur zum Tode verurteilte Verbrecher als Testpiloten in Frage kämen. Für den Fall, daß sie die Fahrt überlebten, sollten sie begnadigt werden.

Der luftfahrtbegeisterte Aristokrat und Draufgänger Pilatre de Rozier, mit 26 Jahren einer der jüngsten Mitglieder der Akademie der Wissenschaften, verlor fast die 'Kontenance' bei dem Gedanken, daß gemeine Verbrecher den Ruhm der ersten Luftfahrt ernten sollten. Er nutzte die Verbindungen von Marquis d'Arlandes zu einer der Hofdamen des Königshauses, um Ludwig den XVI. umzustimmen. Der Marquis ließ sich diesen Freundschaftsdienst mit dem Co-Piloten-Platz honorieren. Und so sollten diese beiden Aeronauten mit dem ersten bemannten Aufstieg am 21. November 1783 den Ruhm Frankreichs mehren und wurden vom König geadelt.

Noch heute werden im Gedenken an die ersten Aeronauten alle Erstfahrer mit den Elementen Feuer, Erde und Wasser (Sekt) in den ballonistischen Adelsstand erhoben. Allerdings erst, wenn sie feierlich geloben, erstens nicht mehr vom Ballon 'fliegen' zu sprechen, zweitens allen Ballonfahrern aller Länder beizustehen und drittens, ihren Taufnamen nicht zu vergessen. Aber zurück in die Geschichte.

Obwohl nicht angekündigt und das Wetter auch zu wünschen übrig ließ, fand der Aufstieg vor einem großen Publikum aus dem Park des Schlosses la Muette am Rande des Bois de Boulogne statt. Richtig genießen konnten sie ihre Fahrt über Paris allerdings nicht. Einer mußte immer heizen, der Zweite mußte pausenlos mit Schwamm und Wasser die durch Funkenflug entstandenen Brände löschen. Der Ballon war nämlich schon mit einem an Ketten unter der Hüllenöffnung hängenden Feuerkorb ausgestattet, der es ermöglichte, während der Fahrt Rauch bzw. Heißluft zu erzeugen, um die Fahrtdauer zu verlängern.

Das Unternehmen der Brüder Montgolfier war ein Wettlauf mit der Zeit, denn es gab Konkurrenten. Schon zehn Tage später startete Professor Charles von Paris aus mit seinem selbstentwickelten, wasserstoffgefüllten Gasballon. Charles kam mit seiner Charliere schon bei der ersten Fahrt mit über fünfzig Kilometern bzw. 3000 Metern weiter und höher als die Aeronauten in den Montgolfieren. Und das auch noch wesentlich bequemer, brauchte er doch nur von Zeit zu Zeit etwas Ballast abzuwerfen. Der einzige Nachteil war die Erzeugung des Wasserstoffs, die für eine einzige Ballonfüllung oft mehrere Tage dauerte und zudem sehr gefährlich.

Dieser Ballon entsprach bereits, von geringfügigen Details abgesehen, dem Stand der heutigen Technik. Die Hülle bestand aus gummiertem Baumwollgewebe, ein Netzwerk verteilte die Last gleichmäßig über den Ballon. An den Auslaufleinen des Netzes war der Korb befestigt. Zum Steigen wurde Ballastsand abgeworfen, zum Sinken einfach über ein Ventil am 'Nordpol' des Ballones Traggas abgelassen. Die Charliere war zudem viel kleiner (Wasserstoff bietet über 1000 Gramm Auftrieb pro Kubikmeter, Heißluft dagegen nur etwa 250) und damit auch resistenter gegen Wind und durch das Fehlen von Feuer an Bord auch sicherer als die Montgolfieren.

Der Erfolg der Gasballone verbannte die stinkenden Montgolfieren schon nach kurzer Zeit und sie verschwanden bald darauf für fast 170 Jahre in der Versenkung. Aber auch das Interesse an Gasballonen erlahmte bald, denn ein Ballon ist wegen seiner extrem schlechten Aerodynamik auch mit Maximalaufwand an Technik nicht steuerbar. Es gab zwar in den ersten Jahren der Ballonfahrt die tollsten Konstruktionen von Rudern, Segeln oder Luftschrauben. Sie brachten ihren Konstrukteuren aber neben Hohn und Spott oftmals nur eine gehörige Tracht Prügel ein von Leuten, denen sie für ihre 'todsichere Methode' zu Steuerung von Ballonen oft viel Geld aus den Taschen gezogen hatten. Auch heute fährt ein Ballon nur dahin, wohin der Wind ihn treibt. Er bleibt immer ein Spielball der Winde.

Anfang unseres Jahrhunderts entdeckten wohlhabende Zeitgenossen den Gasballon als Sportgerät. Schon vor dem 1. Weltkrieg fuhren mutige Sportsmänner von Westeuropa aus bis ins tiefste Sibirien, innerhalb von Tagen. Monate hingegen dauerte die anschließende Bergung, Gefängnisaufenthalt und Rücktransport mit der Transsibirischen Eisenbahn. Sie definierten auch den Zweck des Ballones neu: „Der Weg ist das Ziel."

Im Gegensatz zu den Gasballonen können wir uns mit unserem Heißluftballon nur wenige Stunden in der Luft halten - solange unser Gasvorrat reicht. Zur Standartausrüstung eines gängigen Ballons mit etwa 2500 Kubikmeter Inhalt und einer Tragkraft von beispielsweise vier Personen gehören vier Gasflaschen mit jeweils 40 Litern flüssigem Propangas. Eine Flasche reicht für etwa 45 Minuten, nach eineinhalb Stunden sollte der Pilot landen. Grundregel des Ballonfahrens: Der Pilot sollte bei der Landung über mindestens eine volle Flasche Gas für ein sicheres Landemanöver verfügen.

Beim Heißluftballon kann man durch mehr oder minder intensive Zuführung von Wärme durch den Brenner einzig die Höhe des Ballones steuern. Das ist die Aufgabe des Ballonchauffeurs - 'Chauffeur', übersetzt ein Heizer, was den Kern der Ballonpilotentätigkeit trifft.

Von entscheidender Bedeutung für Wohl und Wehe einer Ballonbesatzung ist die Windrichtung. Vor allem in Küstennähe sollte man nicht vergessen, daß der Ballon immer nur dem Wind folgt. Zum Beispiel Rügen. Karls Wunsch, die Steilküste aus der Vogelperspektive abzulichten, war wegen fehlendem Startplatz unmöglich. Und da die Wetterinformation der Flugwetterwarte zur Hälfte im Knacken und Rauschen des östlichen Telefonnetzes auf der Strecke blieb, war hier äußerste Vorsicht geboten. Bis Schweden wären wir mit unserem Gas nie gekommen.

So machten wir unsere erste Fahrt auf Rügen bei leichtem Südwind von einem kleinen Dorf namens Kasnewitz im Süden der Insel nach Gagern, 20 Kilometer weiter nördlich. An Karls Gesicht konnte ich nach der Fahrt ablesen, daß ein Fotograf nicht bei jeder Ballonreise über Rügen auch Bilder machen kann, die ahnen lassen, daß es sich um eine Insel handelt. Das Binnenland, das wir überquert hatten, ähnelte eher der Magdeburger Börde.

Bei einem zweiten Start trieb uns der Wind glücklicherweise vom südöstlichen Inselzipfel bei Göhren ein paar Kilometer über den Greifswalder Bodden, der im Süden der Insel eine langgestreckte Bucht bildet. Vorbei auch an der Insel Vilm, einst streng abgeschottetes Urlaubsrefugium von Erich und Co. Das Titelbild mit der kleinen vergessenen Dorfkirche entstand übrigens auf dieser Fahrt.

Auch auf dem Festland war noch besondere Vorsicht geboten. Als wir im Juli 1991 morgens um fünf vor Rostock standen, hatte der Wind über Nacht gedreht. Bei unserer geplanten Fahrtroute über die Altstadt wären wir bei konstantem Südostwind ohne sichere Möglichkeit der Landung auf die offene Ostsee getrieben worden. Schweren Herzens gaben wir auf.

Um einen unsteuerbaren Ballon dorthin zu bringen, wo man ihn hinhaben will, muß man mit einer Karte, dem Kompaß und einem Winkelmesser oder Geodreieck umgehen können. Zur Feststellung der exakten Windrichtung dienen uns heliumgefüllte Kinderballone, deren Richtung wir mit dem Kompaß einmessen. Sind Ziel und Windrichtung bekannt, kann man anhand der Karte einen Startort bestimmen, der den Ballon (sofern der Wind nicht dreht) mehr oder minder nah' ans Ziel bringt.

Unser Heißluftballon ist mit seinen 26 Metern Höhe und über 1000 Quadratmetern Hüllenoberfläche recht windanfällig. Die auf dem Boden ausgebreitete Hülle wird zunächst einmal mit Hilfe eines motorgetriebenen Ventilators mit kalter Luft gefüllt. Bei unserem Nord/LB-Jumbo sind das immerhin 3000 Kubikmeter. Dann wird die Luft mit der meterlangen Flamme eines über dem Korb befestigten Propangasbrenners solange erhitzt, bis sich der auf der Erde liegende Riese langsam aufrichtet. Umgerechnet entwickelt ein solcher Brenner während seiner sekundenkurzen Feuerstöße mehrere

Schwieriger Ballonstart bei auffrischendem Wind, Stralsund

Tausend PS, um die gewaltige Luftmasse in der Hülle auf Abhebtemperatur zu erhitzen.

Die Kaltluftfüllung dauert etwa zehn Minuten, das Aufrichten mit dem Brenner keine zwei. Dann werden noch ein paar Checks durchgeführt, Leinen geordnet, Funkgerät getestet und der Höhenmesser befestigt. Nun werden die Passagiere an Bord genommen und der Ballon dann soweit aufgeheizt, daß er abhebt.

Vier Personen und vier Gasflaschen passen in unseren Korb. Da allerdings bei einer solchen Beladung ein Arbeiten als Fotograf unmöglich ist, fuhren wir in der Regel zu zweit und hatten sechs Flaschen Propangas an Bord - zur Sicherheit für Überraschungen, ausbleibende Landeplätze oder Windstille.

In Stralsund war von Windstille keine Rede Der Morgenwind mit 10 Knoten war noch ballongeeignet, aber wir konnten den Ballon nicht in einem Lee, zum Beispiel im Windschatten von Bäumen aufstellen.

Der Wind war so stark, daß wir den Ballon mit einer speziellen Befestigung an unserem VW-Transporter festbinden mußten. Sonst hätte sich schon die mit Kaltluft gefüllte Hülle wie eine überdimensionale Bonbontüte mit dem Wind auf und davon gemacht und den Korb mit den zusammen immerhin 150 kg schweren Propangasflaschen mühelos hinter sich hergezogen. Bindet man den Ballon fest, hat man das Problem, das der Wind die Hülle immer wieder eindellt. Dadurch verliert der Ballon an Volumen und letztlich an Tragkraft. Bläst es zu heftig, bekommt er nicht die traditionelle Kugelform, sondern mehr die einer Banane.

Nach einem 20minütigem Kampf hatte ich den Ballon soweit rund und warm, daß er abhob. Ich löste die Schnellkupplung der Befestigung zu unserem VW-Bus, der quasi als Anker diente und hörte nur noch einen lauten Knall, während wir uns horizontal und vertikal von dannen machten. Das Befestigungsseil war so unter Spannung, daß es mit dem Gegenstück der Schnellkupplung (einem leichten Aluring) eine dicke Beule in die Stoßstange schlug.

Unsere Fahrt über Stralsund war sehr zügig, dafür hatten wir das seltene Glück einer ausgeprägten Luftschere. In unterschiedlichen Höhen bläst hierbei der Wind in unterschiedliche Richtungen. In einer Höhe von etwa 100 Metern über Grund trieben wir nach rechts auf die offene See mit Blick auf den links vor uns liegenden Hafen. In etwa 150 Metern Höhe ging der Wind sehr stark nach links und so konnte ich uns über die Höhe noch relativ nah an die Altstadt heranmanövrieren.

Ein fast tragischer Arbeitsunfall hätte fast das Ende dieses Buches bedeutet. Anfang September 1990 stürzte Karl ab. Nein, nicht aus meinem Korb (Ballonfahren ist recht ungefährlich), son-

dern aus der Förderkiste eines Baukranes in Hannover. Der Versuch, die 300köpfige Belegschaft einer Baufirma eindrucksvoll auf ein Bild zu bringen, endete aufgrund eines technischen Versagens mit einem Kopfübersturz aus fünf Meter Höhe auf Beton. Obwohl seine Nickelbrille den Sturz abfederte, landete Karl mit zwei Armbrüchen und erheblichen Kopfverletzungen im Krankenhaus und war für fast drei Monate außer Gefecht.

Dann überrollte uns auch noch die Geschichte mit ihrem Wahnsinnstempo, und wir saßen nach der Wiedervereinigung auf Genehmigungen eines Staates, der gar nicht mehr existierte. Die neuen 'Herren der Lüfte', die Experten der Flugsicherung, hatten genug damit zu tun, den Luftraum der Ex-DDR nach internationalem Standard aufzugliedern. An eine neue Startgenehmigung war in dieser Zeit, in der es die alte Regelung nicht mehr gab und die neue noch nicht installiert war, kaum zu denken. Karls schnelle Genesung und die Verlängerung unserer Genehmigung 'Rote Nummer 180/90' bis Frühjahr 1991 ließ unseren Optimismus wieder zart aufkeimen.

Während Karl noch schmerzhaft und ungelenk an seinen Kameras und Objektiven hantierte und in jeder freien Minute seinen Therapie-Gummiigel knetete, starteten wir zu unseren Wintertouren in den Osten. Die kalten Nächte zwangen uns nun, trotz Thermoschlafsack und Jans Sibirienerfahrung, feste Unterkünfte aufzusuchen. Hotels waren noch Mangelware und wir mußten feststellen, daß der Preis von Angebot und Nachfrage abhängt und nicht unbedingt von der gebotenen Leistung. Dafür waren die Joghurtbecher im Papierkorb gut abgelagert und die Notfallanleitung lag in russisch auf dem Tisch.

Bei Leipzig kamen wir nach stundenlanger Suche in einem Arbeiterwohnheim mit eingebauter Kellerdisko unter, meist jedoch räumten Jans fast über die ganze Republik verteilten Freunde und Verwandte nachts ihre guten Stuben, Schlaf- und Kinderzimmer, um uns und unser Equipment zu beherbergen. Für Ossis war es ganz selbstverständlich, daß wir so plötzlich unangemeldet vor der Tür standen. Spontane Gastfreundschaft ist im Osten noch kein Fremdwort.

Im Spätherbst und frühen Winter bremsten jede Menge Tiefausläufer und Stürme unsere Aktivitäten. Bei gutem Ballonwetter hatten wir hingegen mit einem anderen Phänomen zu kämpfen. Bei ruhigem, windschwachem Wetter sammelt sich aufgrund der Inversion der ganze Dreck von Industrie, Zweitaktgestank und Millionen von Kohleöfen am Himmel und bilden eine dichte Dreckglocke, Smog ist angesagt.

In Quedlinburg, einem kleinen Städtchen im Harzvorland, bekam das Wort Luftverschmutzung für uns eine völlig neue Dimension.

An einem windschwachen kalten Februartag lag eine dicke, gelbe, den Konturen der Landschaft angepasste Decke von etwa 20 Metern Mächtigkeit knapp über der in einer Senke liegenden Stadt. Und just in dieser Schicht schipperten wir mit unserer Kugel herum mit dem permanenten Gefühl, auf Streichhölzern herumzukauen. In diesen Tagen passierte es uns auch zum ersten Mal (wir hatten eigentlich schon viel früher damit gerechnet), daß wir plötzlich für zwei Tage von den Militärs keine Startfreigabe mehr erhielten. Sowjetische Migs im Tiefflug.

Bei schwachwindigen Hochdrucklagen sind es nicht mehr die Windrichtung der Gradienten, sondern lokale Strömungen, die uns treiben. So schwebten wir (bei miserabler Sicht) mit unserer D-LANDESBANK-Kugel das Elbtal oberhalb von Dresden hinunter. Ist der Wind schwach, folgt die Luft in einem engeren Tal dem Strom flußabwärts. So fuhren wir wie auf Schienen und überquerten auch den Meißener Dom, der mächtig hoch auf einem Felsplateau über der Elbe thront. Wegen des sanften Windes konnten wir sogar sehr nah an die Turmspitzen heranfahren.

Das ist allerdings nicht ganz ungefährlich, wie eine französische Kollegin vor Jahren feststellen mußte. Sie blieb mit ihrem Ballon an einem Kirchturm hängen. Das stabile Lastbandnetz der Balonhülle hakte sich an der Turmspitze fest und verhinderte den Absturz des Korbes. Die zu Tode erschrockene Ballonbesatzung mußte stundenlang in unerreichbarer Höhe ausharren, bis die Feuerwehr geeignetes Gerät herangeschafft hatte, um sie aus solch großer Höhe bergen zu können.

Im Januar hatte der Winter Deutschland endlich mal wieder fest im Griff. Ballonfahren bei Minusgraden schreckt viele Nicht-Ballöner: 'Ist das nicht viel zu kalt da oben?' Ist es nicht. Da sich der Ballon mit dem Wind bewegt, gibt es keinen Fahrtwind. Der leistungsstarke Brenner über dem Kopf der Mitfahrer gibt ebenfalls Wärme nach unten ab und da man fast nur bei schönem Wetter fährt, wärmt auch die Wintersonne noch ein bißchen. In den Höhen etwa bis 1000 Meter über Grund, in denen man sich mit dem Ballon normalerweise bewegt, ist es nur wenige Grade kälter als am Boden.

Technisch gesehen beeinträchtigt die Kälte die Funktion eines Heißluftballones nur durch den stark absinkenden Druck in den Gaszylindern. Bei extrem niedrigen Temperaturen könnte man flüssiges Propangas in einem offenen Eimer wie Wasser transportieren. So gelangt kaum noch Gas hoch zum Brenner, denn es gibt keine Treibstoffpumpe wie etwa beim Auto. Der Tankdruck muß daher durch Zuführung von Stickstoff erhöht werden.

Die atmosphärischen Bedingungen in der kalten Jahreszeit sind für uns Ballonfahrer sogar

günstiger als im Sommer. Es gibt keine gefährliche Thermik und wir können den ganzen Tag über Ballonfahren. An dieser Stelle ist es Zeit, ein paar Worte über diese Thermik zu verlieren, die den Ballonfahrern so zu schaffen macht. Bei Thermik steigt und sinkt das sensible Luftgefährt durch vertikale Luftbewegungen unkontrolliert.

Das hat folgende Ursache: Durch die starke Sonneneinstrahlung im Sommerhalbjahr wird Luft über dem Boden in mehr oder weniger großen Blasen erwärmt, die nach Erreichen der Ablösetemperatur teilweise in mehrere Kilometer Höhe aufsteigen. Das geschieht in einer Kreisbewegung, vergleichbar mit dem Strudel des im Ausguß verschwindenden Badewannenwassers. Man kann es am Vogelflug beobachten, wenn zum Beispiel ein Bussard sich ohne einen einzigen Flügelschlag in diesen 'Luftstrudeln' nach oben schraubt. Segelflieger nutzen diesen thermischen Auftrieb, um sich ohne Motor über Stunden in der Luft zu halten.

Aus gleichem Grund sieht man die bunten Feuerkugeln im Sommer nur am frühen Morgen und am späten Abend, wenn die Sonne nicht mehr genug Kraft hat, um diese Thermik aufrecht zu erhalten.

Auch der Gasverbrauch ist zur Verwunderung vieler Laien bei Kälte geringer als im Sommer. Eigentlich müßte er gleich sein, da bei bestimmter Beladung etwa immer die gleiche Temperaturdifferenz zu erzeugen ist, ob nun von 20 °C um 80 °C auf 100 °C Hüllentemperatur oder von minus 10 Grad um die selben 80 Grad auf plus 70 Grad. Aber gerade über Schnee z. B. erwärmt die Sonne den Ballon gegenüber der Außenluft wesenlich stärker, so daß sich sehr dunkle Hüllen bei Schnee und sehr schwachem Wind fast ohne Brennereinsatz aufrichten können.

Winterfahrten haben ihren besonderen Reiz und unsere Fahrt über das weiße Elbsandsteingebirge, das so schön in der Sonne glitzert, und den Braunkohlenmief vergessen ließ, erinnerte mich an die erzgebirgische Weihnacht. Eine besondere Stimmung, die mir seit meiner Kindheit durch Bilder, Korrenden und Pyramiden einer traditionsbewußten Dresdner Verwandtschaft sehr vertraut war.

Nach anstrengendem Start auf einem 'Sauhügel' genannten, knietief-verschneitem Feld bei Schöna, dem südlichsten Zipfel des deutschen Elbtales, absolvierten wir die schnellste Fahrt dieses Ballon-Projekts. Kaum hatten wir das schützende Lee eines Waldes verlassen, merkten wir, daß der Wind statt der angekündigten 10 Knoten über 20 Knoten schnell war. Bastei und Elbschleife waren nur kurz im Blickfeld und nach einer halben Stunde hatten wir über 20 Kilometer hinter uns gebracht. Bei solcher Speed braucht man eine große, ebene und hindernisfreie Fläche. Ein LPG-Acker bot sich an und hinter einer Obstbaumplanatage setzten wir auf.

Ein Ballon wird durch Reibung des Korbs mit der Erde gebremst. Gleichzeitig öffnet der Pilot das 'Top', sozusagen den Himmel der Ballonhülle, um die Hülle zu entleeren, quasi „den Wind aus den Segeln zu nehmen". Der erste Aufprall bei solchem Tempo ist meist härterer Natur, die Insassen müssen sich gut festhalten, dann pendelt der Korb noch einmal aus, der zweite Schlag und nun rutschten wir 200 Meter über den hartgefrorenen, leicht verschneiten Stoppelacker.

Unser Korb aus geflochtener Weide fängt sehr elastisch diese Stöße ab. Geflochtene Weide ist bis heute das Material, das dem Korb die größte Stabilität gibt. Man hat es durch 'moderne' Materialien, durch Alu und Plastik zu ersetzen versucht, aber nichts ist so robust wie ein guter, 'altmodisch' geflochtener Weidenkorb. Neben der Weide gibt es bis heute kein anderes Material, das gleichzeitig so flexibel und stabil ist.

Wie fast immer tauchten schon wenige Minuten nach der Landung wie aus dem Nichts Leute auf, die unseren Flugkünsten skeptisch gegenüberstanden und eine Notlandung vermuteten. Denn der Flugplatz läge ja weiter links hinter dem Wald.

Am nächsten Tag legte sich der Wind, ein eiskalter Morgen mit fast sibirischen Minusgraden. Da macht das Aufrüsten wirklich keinen Spaß mehr. Eine Fahrt über ein großes Chemiekombinat bei Böhlen südlich von Leipzig holte uns aus der Romantik des Elbsandsteins zurück in die stinkende Realität unserer Industriegesellschaft. Aus allen Ecken und Winkeln quoll es hervor, teilweise sogar aus der blanken Erde. Der Dreck verschleierte die Sonne.

Ende März lief unsere noch von den DDR-Behörden ausgestellte Startgenehmigung endgültig ab und wurde trotz intensiver Bemühungen auch nicht mehr verlängert. So waren wir zum zweiten Mal zu einer Zwangspause verurteilt. Am 19. April konnte ich bei der BFS-Regionalstelle Hannover (Bundesanstalt für Flugsicherung) zum ersten Mal einen Blick auf die Luftraumstrukturkarten der neuen Bundesländer werfen. Am 2. Mai war dann auch die letzte Klippe umschifft, der sozialistische Arbeiter- und Bauernhimmel entsprechend dem internationalen Standard aufgegliedert.

Nach dem tollen Sommer/Herbst 1990, den wir durch zeitraubende Genehmigungsverfahren und vor allem wegen Karls Unfall ungenutzt verstreichen lassen mußten, türmten sich nun neue Probleme vor dieses Ballonprojekt. Das Wetter. Gegen alle Erwartungen (Mai und Juni gelten wegen häufiger Hochdrucklagen als ideale Ballonmonate) mußten wir uns 1991 dem Jammer der Bademeister und Biergartenpächter anschließen. Der Frühsommer fiel buchstäblich ins Wasser und der Verleger Karl befürchtete schon das Schlimmste.

Erst der Juli brachte das gewünschte Wetter und nun hakten wir unser 'Plansoll' im Dauerlauf ab: „Schwarze Pumpe", Spreewald, Ostseeküste, Havelseen, Pillnitz, Bad Muskau, Thüringen ... Wir hatten unser 'Plansoll' auch nach der optimalen Windrichtung geordnet. Bad Muskau zum Beispiel war wegen der nahen polnischen Grenze nur bei Ostwind möglich, Schwerin schien uns bei Nordwind optimal.

Diese Hochdrucklagen trieben uns an die Grenzen unserer Leistungsfähigkeit. Jeder gute Tag mußte genutzt werden, wer weiß, wie lange der Sommer noch halten würde. In einigen Fällen waren wir über 50 Stunden ohne Unterbrechung und wenig Schlaf unterwegs. Vor Mitternacht meist Aufbruch über die A2 in Richtung Osten, morgens gegen fünf Ankunft in Wörlitz. Windrichtung bestimmen, Kaffee aus der Thermosflasche, und knapp eine halbe Stunde nach Sonnenaufgang hoben wir ab. Zwei Stunden später über Oranienbaum, abends am Kyffhäuser, nächster Morgen Erfurt, abends die Wartburg. Ein nahender Tiefausläufer empfiehlt die Rückfahrt nach Hannover.

Nur einmal gerieten wir in einen der gefürchteten Staus, standen wegen Unfällen von 2 Uhr bis fast zum Morgengrauen bei Magdeburg. Wir waren abgekämpft, tagsüber 25 bis 30 Grad im Schatten, im Schnitt 500 Kilometer Autofahrt am Tag, keine Zeit zum Duschen, geschlafen wurde reihum im VW-Bus während der Fahrt von Startort zu Startort. Wir haben zwei Monate fast ausschließlich in einem mit Ballonutensilien, Kamerakisten, Kühltaschen, Turnschuhen, Stadtplänen und Schlafsäcken vollgepackten Bus gelebt, geschlafen, gegessen und gewartet.

Unser Vorhaben, Campingplätze anzusteuern, gaben wir nach mehreren Versuchen frustriert auf. Die Plätze sind spärlich gesät und die sanitären Anlagen, die wir antrafen, spotteten jeder Beschreibung. Man möge mir verzeihen, es gibt sicher tolle Anlagen, wir haben sie, übermüdet und überkritisch, nicht gefunden.

Also campten wir wild auf abgemähten Wiesen, zum Schluß einfach irgendwo direkt an der Straße zu unserem nächsten Ziel. Auf einer dieser Wiesen auf dem Weg von Bautzen nach Dresden kam nachts um halb eins der Förster mit seinem Trabi angeknattert und warnte uns Schlafsackleichen neben dem Bus vor Wildschweinrudeln, auf deren bevorzugten Pfad zum nächsten Kartoffelacker wir angeblich lagen. Ich weiß nicht, ob Wildschweine Camper beißen. Mag sein, daß mich die Tatsache, daß Schweine eine feine Nase haben und wir seit zwei Tagen keine Dusche mehr gesehen hatten, rettete. Oder war es etwa Jägerlatein? Wir blieben jedenfalls einfach liegen.

Die Stimmung im Team stieg und sank jeweils mit dem Gesichtsausdruck des Fotografen nach der Fahrt. So wie das Wetter uns am Sommeranfang im Stich gelassen hatte, so gnadenlos schön war es nun und wir hetzten, immer mit der Vorstellung, den letzten schönen Tag vor uns zu haben, kreuz und quer durchs Land.

Besonders gute Laune hatte Karl nach unserer Fahrt über das „Industriekombinat Braunkohleveredelung" bei der Ortschaft 'Schwarze Pumpe'. (Das Dörfchen heißt tatsächlich so.) Als wir unseren Ballon in der Nähe dieser Braunkohleveredlung aufrüsteten, vermuteten zufällig vorbeikommende Mitarbeiter des Kombinats eine Messung der Luftverschmutzung und fürchteten um ihren Arbeitsplatz. Ein etwa 40jähriger

binnen Minuten nach der Landung sind wir von Neugierigen umringt

Arbeiter betonte wie zur Entschuldigung, er wisse, was für ein Dreck da rauskommt und trotzdem hätte er zwei gesunde Kinder.

Wir mußten die über 200 Meter hohen Schornsteine überqueren und fuhren mit unserem Gefährt durch den neblig fetten Schornsteinqualm, der auch vom Geruch her alles bisher Erlebte in den Schatten stellte. Das weckte Erinnerungen an die ersten Luftschiffer mit ihrem 'gehackten Schafwollantrieb' – mit dem Unterschied, daß an diesem Rauchwerk eine Region stirbt.

Nach einer halbstündigen Fahrt über die schon unendlich zerstörte Landschaft der Tagebauabraumhalden tat sich plötzlich und unerwartet der Schlund einer Tagebaugrube vor uns auf. Es gelang uns sogar, in den Windschatten der Grube einzutauchen. Ich ließ den Ballon vorsichtig absinken und setzte ihn für ein paar Minuten auf einer kleinen Terrasse nur ein paar Meter über der tiefsten Sohle ab, um Karl eine Verschnaufpause zu gewähren.

Der Höhenmesser zeigte minus 90 Meter an. Die anrückende Grubenfeuerwehr war schnell beruhigt und nach ein paar freundlichen Worten mit den über den seltsamen Besuch erstaunten Bergarbeitern stiegen wir wieder auf. Karl fotografierte mit seinen vier um den Hals hängenden Kameras wie ein Wilder. Das hat regelmäßig zur Folge, daß sich die Kameragurte innerhalb weniger Minuten so eng um seinen Hals verheddern, daß er zu ersticken droht. Jedenfalls erscheint mir das immer so.

Ich hatte vor, unmittelbar hinter der Grube zu landen. „Dort!", ruft Karl, und zeigt auf ein Dorf, „Kannst du das noch mitnehmen?" Die Dächer sind abgedeckt, auch die alte Backsteinkirche steht nur noch als Ruine. Ein Geisterdorf, von seinen Bewohnern geräumt, um dem Bagger den Weg zu ebnen. Wir nehmen wieder Höhe auf und der Wind treibt uns ein wenig näher an dieses Dorf heran. Gleich hinter dem (seit zwei Jahren verlassenen) Dorf landen wir auf einem unbestellten Acker. Für Karls Kamera ein erfolgreicher Flug: Kombinat, Tagebau und Geisterdorf. Jetzt künden nur noch ein paar Straßenschilder von diesem einst schönen Dörfchen Wolkenburg. Wolkenburg, nicht weit von „Schwarze Pumpe".

Ein solches Zielen mit Hilfe von Kompaß und Karte gelingt nur selten. In Naumburg waren wir uns ganz sicher, den Dom zu treffen. Mittels Kinderballone stellten wir auf bewährte Weise die genaue Windrichtung fest, übertrugen sie in die Karte und suchten uns auf der Windachse eine passende Wiese am Rande des Städtchens. Ein Probeballon zur Sicherheit, ja die Richtung stimmt. Keine 20 Minuten später sind wir mit unserem D-LANDESBANK dann auf einem Kurs, der uns fast einen Kilometer links

am Zentrum vorbeiführte. Unmittelbar hinter der Stadt landen wir auf einer Wiese, binnen Minuten sind die über Funk mit dem Ballon verbundenen Verfolger bei uns. Wir packen in 'Rekordzeit' Ballon und Hülle auf den Anhänger. Immer mit der Zeit im Nacken, denn wir wollen die alte Kaiserstadt noch vor Sonnenuntergang ein zweites Mal überqueren. Diesmal starten wir auf einer um einen Kilometer nach rechts versetzten Wiese. Aber der Wind hatte gedreht und trägt uns dieses Mal weiter nach rechts. Nach der Landung betretene Gesichter. Gekämpft und doch verloren.

Über Dresden, Bautzen, den Spreewald, Schwerin und letztlich auch Berlin könnten wir seitenlang über ähnliche Probleme berichten. Vor allem in Städten bereitet die Suche nach einem geeigneten, treffsicheren Startplatz außerhalb des Stadtzentrums Probleme, denn Karl hatte immer schon die Ziele im Kopf, aber merke: Der Weg ist das Ziel. Und wenn wir das Ziel verfehlten, dann half nur eins: Nochmal!

Bei den wichtigsten Städten wie Dresden oder Rostock gab es keine Alternative. Beim zweiten Anlauf in Rostock hatten wir besonders Glück, denn während der Hanse-Sail 91 lagen Hunderte von alten Seglern im Hafen von Warnemünde und Rostock. Fast wäre jedoch trotz Idealbedingungen alles schief gelaufen: Warnemünde war wegen der Hanse-Sail so vollgepackt mit Menschen und Autos, daß wir mit unserem Anhänger immer wieder Gefahr liefen, bei der Suche nach einem Startplatz stecken zu bleiben.

Zwei Stunden vor Sonnenuntergang hatten wir immer noch nichts gefunden. Da tauchte wie ein rettender Engel der Polizeirat Gunther Below mit seinem Trabi auf. Mit seiner wendigen Plaste fanden wir nach einer halben Stunde Slalom durch Rostock eine kleine Wiese am Ortsrand, inmitten einer Schrebergartensiedlung. Kaum 30 Meter im Durchmesser, der wirklich engste Startplatz für unseren Jumbo. Der Wind war wirklich wie bestellt, eine Ideallinie von Warnemünde über das Stadtzentrum von Rostock, das etwa acht Kilometer weiter südlich liegt.

Spielball des Windes. Er kann zu heftig oder in die falsche Richtung blasen – oder seine Dienste völlig versagen. Über einer Großstadt oder einem Industriegelände ist dies gefährlich, über einem Wald ungemütlich. Ausgerechnet im Harz passierte es. Nach einer schönen Fahrt über Wernigerode trieben wir nicht wie angenommen auf die freien Ackerflächen im Norden. Tatsächlich aber hatten wir einen Ostwind, der uns an diesem Abend immer weiter Richtung Brocken mit seinen vorgelagerten, dichtbewaldeten Bergrücken trieb. Der Wind wurde immer schlapper und verlor schließlich jegliche Richtung.

Aufrüsten bei -15°C in der Sächsischen Schweiz

Als uns der Gasvorrat und das Tageslicht langsam verließen und es absehbar war, daß es keine Alternative gab, entschloß ich mich, auf einem Holzrückeweg, den ich oberhalb einer Schonung auf einer Bergkuppe ausmachte, zu landen. Der Funkkontakt zu unseren Verfolgern war glücklicherweise nicht abgebrochen, aber welche Position sollten wir melden? Rundum waren völlig bewaldete Hügel, nichts Markantes in Sicht und wir standen im Prinzip irgendwo mitten im Wald. Unsere Verfolger wußten zwar in etwa, wo wir gelandet waren, aber wie dort hinkommen, zehn Kilometer von der nächsten Bebauung entfernt. Kurz vor Dunkelheit erreichten wir zu Fuß eine Schutzhütte und Wegkreuzung mit Ortsangabe. Wir waren in der Nähe eines Aussichtspunktes gelandet.

Wir kamen uns (so vermuteten wir über Funk) immer näher, dann hörte für die Verfolger der Waldweg einfach auf. Steckengeblieben. Mit Hilfe zweier Einheimischer erreichten wir um Mitternacht bei wunderschönem Vollmond den Ballon. Karl, der zwecks Sicherung des Gerätes zurückgeblieben war, hatte mangels warmer Kleider (wir waren an einem extrem heißen Tag aufgestiegen) die Ballonhülle in einen Schlafsack umfunktioniert und schlief den Schlaf des Gerechten. Beim sanften Licht des Mondes bargen wir unsere Ausrüstung. Um 2 Uhr morgens erreichten wir wieder eine feste Asphaltstraße und einen Kiosk mit microwave-erhitzten dänischen Hotdogs.

Höhepunkt unseres Ballonprojekts war zweifellos unsere Fahrt über Berlin. Ein Bildband über die neuen Bundesländer ohne Ostberlin ist nur ein Torso. So Karls Argumentation gegenüber den genehmigenden Behörden, und er hatte sie überzeugen können. Seit dem Kriege war über Berlin, von der Greenpeace-Aktion einmal abgesehen, kein Ballon mehr gefahren. Und das Aufstiegsverbot hat seinen Grund, auch nach Wende und Ende des Kalten Krieges.

Zahlreiche Flugplätze mit jeder Menge Flugverkehr gruppieren sich um diese Stadt. Alle Controller der Welt kriegen nasse Hände bei der Vorstellung, einen unlenkbaren Ballon in ihrer Anflugschneise zu haben, den sie im Notfall noch nicht einmal zur Landung zwingen können, da ein Platz, wie Tempelhof zum Beispiel, mitten in der Stadtbebauung liegt. Sie müßten im ungünstigsten Falle, und das ist schon vorgekommen, den Flugplatz vorübergehend schließen und alles in Sicherheitshöhe auf Warteschleife schicken. Die Anfragen beim Luftamt reißen aber nicht ab, denn welcher Sponsor hätte seinen Werbeballon nicht gern einmal über der neuen alten Hauptstadt präsentiert.

Am Sonntag, dem 25. August 1991, früh morgens um Sechs, gingen wir vom Pariser Platz östlich des Brandenburger Tores in die vielgerühmte Berliner Luft. Der Schluß- und sicherlich auch der Höhepunkt einer Entdeckungsreise mit dem Ballon, die in der Anfangsphase mehr einer Expedition glich. 30 000 Straßenkilometer, jede Menge Kommunikationskrampf und Einsatz bis zur Erschöpfung – „nur", um 50 Stunden in der Luft zu sein. Aber es liegen auch traumhaft schöne Fahrten hinter uns. Vergessen sind der Telefonfrust, der Wetterfrust, der Haß auf diese Schlaglöcher, die Zweifel, die Müdigkeit. Es hat sich gelohnt. Nicht nur wegen der Bilder, wir haben diesen 'anderen' Teil Deutschlands wirklich kennengelernt. ◀

Jan Oelker

Einholen ohne Überholen

Das Wetter ist gut, vom Dach unseres Hauses am Dresdener Martin-Luther-Platz kann ich die Tafelberge der Sächsischen Schweiz erkennen – nichts Gewöhnliches in einer Stadt, wo die Sonne im Winter selten am natürlichen Horizont untergeht. Die Rauchfahnen der vielen Schornsteine ziehen steil nach oben. Ein Hoch über SO-Europa verlagert sich langsam nordwärts und verspricht uns gute Ballonbedingungen für die nächsten Tage.

Ich habe kein Telefon, bin nur über Dritte zu erreichen, das kompliziert die ohnehin verrottete Kommunikation zwischen Ost und West. Zwanzig mal gewählt, dann komme ich durch, am anderen Ende meldet sich Karls Anrufbeantworter. Endlich, nach dreißig Anläufen, gegen 23 Uhr bekomme ich ihn an die Strippe. – Das Wetter könnte halten. Sollten wir es wagen? Dresden? Sächsische Schweiz oder Erzgebirge? Für die Hannoveraner sind das 600 km, eine Nachtfahrt. Wir verabreden uns für den nächsten Morgen um 8 Uhr in Oberwiesenthal. Um halb fünf quäle ich mich aus dem Bett und in den Trabi. Die letzten 50 km nach Oberwiesenthal werden immer länger – enge Straßen und viele Ortschaften. Mich befallen erste Zweifel, ob Karl und Micha dieses Stück mit eingeplant haben in ihrer autobahnverwöhnten Kilometerfress-Philosophie.

Eine halbe Stunde vor dem vereinbarten Termin komme ich am Treffpunkt an. Aber das Jugendtouristhotel, in dessen Lobby wir uns verabredet haben, besteht nur noch als Hülle. Nichts mit Aufwärmen im Foyer. Das Hotel wird rekonstruiert, Vorbereitung für den marktwirtschaftlichen Skitourismus. Vorbei die Zeiten, als Einwochen-Skikurse inklusive Vollpension für 100 Mark (allerdings nur für Berufsjugendliche mit Beziehungen) angeboten wurden.

Das Thermometer zeigt minus zwölf. Ich warte auf dem Parkplatz und vertrete mir die Beine. Als die Sonne hochsteigt, wird es sogar etwas wärmer und gegen halb zehn taucht Michas grüner VW-Bus auf. „Na, wartest du schon lange?" beginnt Karl verlegen, „Also eure Straßen, besonders das letzte Stück...!"

Micha muß die Ballonfahrt anmelden, die Suche nach einem Telefon beginnt und das zweite Hauptproblem des *Wessis* im Umgang mit den Neuen Ländern bricht wie eine Katastrophe über das Team herein. Es fehlt ganz einfach an Geduld, und Ärger (wie berechtigt auch immer) und eigene Unsicherheit schlagen allzuoft in verletzende Arroganz um. Da wollen sie nun ein Buch über den Osten machen und das kleinste bißchen DDR-Alltag bringt sie völlig aus der Bahn. Doch wo ein Wille ist, ist auch ein Schleichweg. Micha tauscht seinen Groll in Charme und schon öffnet eine nette Verkäuferin die Tür ihres Büros.

Karl hatte ich 1987 im fernen Sibirien kennengelernt, in Irkutsk, im Foyer des Intourist, wo wir nur Geld tauschen wollten. Er und Jackie waren auf dem Weg nach Hongkong, per Transsib, für ihr Buch „Lissabon–Hongkong – mit der Eisenbahn". Ich schlug mich mit Freunden wieder einmal ohne Visa in der 'Grauzone der Legalität' durch die Sowjetunion, hatte gerade eine Winterüberquerung des Baikalsees hinter mir. 'Transitreisen' nannten wir das, wenn wir mit einem Transitvisa nach Rumänien 6 Wochen durch die SU vagabundierten.

Karl und Jackie kamen von drüben, eine der wenigen, die einem nicht mit Kaffee und Kaugummis die Vorzüge der Marktwirtschaft schmackhaft machen wollten. Sie zeigten uns ihre Bücher – für uns unerfüllbare Träume und schürten unsere ungeheure Sehnsucht nach Ferne. Später trafen wir uns (Karl bekam kein Einreisevisa für die DDR) einige Male in *dem* östlichen Globetrottertreff in der CSFR, im „Misthaus" bei Gustav Ginzel im Isergebirge, zeigten Dias, diskutierten, tauschten Reiseerfahrungen aus. Wir wurden Freunde.

Nun gut – wir hatten die Weiten der SU, die Karpaten, das Fan-Gebirge. Während westliche Globetrotter auf entlegenen Himalayapfaden, in Kaschkar oder den Hängen des Nanga Parbat ihre Abenteuer suchten, treckten jährlich etliche Ostdeutsche oft nur wenige hundert Kilometer weiter westlich durch das Pamir oder zum Gipfel des *Pik Kommunisma*. Aber die deutschen Alpen waren für uns weiter als Kamschatka.

Stand man in Berlin – Hauptstadt der DDR – auf dem Bahnsteig der S-Bahn-Station Plänterwald, sah man die Betonklötze von Neukölln. Sicher genauso deprimierend wie Mahrzahn – aber es war *der Westen*. Er hatte etwas Magisches, für mich vor allem die Freiheit des Reisens, für die ich vielleicht auch meine Heimat verlassen hätte.

Dann kam die Wende. Die Grenze war *offen*. Die Medien melden den Fall der Mauer. Neugier des ersten Tages – Berlin lag mir am nächsten. Auf dem Ku-Damm fällt mir plötzlich Jackie um den Hals. Karl folgt ihr, schwer mit Kameras bewaffnet. Fünf Millionen Menschen sind an diesem 12.11.89 in Berlin unterwegs, und mitten im größten Gewühl treffen ausgerechnet wir uns. Tage später wage ich mich zum ersten Mal in das Bundesgebiet. Mir fällt auf, daß in den Dörfern kaum Tiere zu sehen sind, dafür hat jedes seinen Autosalon. Frankfurt erschreckt mich und ich seine Bürger mit einem klapprigen, röhrenden Moskvitch. Der 'gute Russe' hob sich deutlich ab vom Straßenbild *Mainhattens*.

Nach „Test the West" kam Weihnachten 1989 „Kost the Ost". Die Bundis kommen in Scharen in den Osten. Noch nie hatte Dresden so viele Westwagen gesehen - bald ein ganz normales Stadtbild. Die Exilsachsen strömen zurück. Kaffee für die Oma - die Marke wird sich ihr bald bei jedem Bäckerbesuch einhämmern, Zeitungen für die Mutti - ein halbes Jahr später sind alle Kioske mit Frauenbrüsten zugepflastert, Zigaretten für den Vati - Schall und Rauch für Weite und Freiheit und für den Westhusten. Im Frühjahr 1990 wechselten die Losungen von Wohlwollen zu Wohlstand. Im Sommer gehen die Alu-Chips, die D-Mark kommt und mit ihr Imbißbuden, Getränkeshops und Gebrauchtwagenhändler. Die flächendeckende Versorgung der DDR-Bevölkerung mit Videotheken konnte als soziales Problem bis Herbst 1990 gelöst werden.

Nun arbeiten wir gemeinsam an diesem Buch, einem Ballonbuch. Auf jeder Expedition ist es von Vorteil, einen Eingeborenen mitzunehmen. So kann ich als Verfolger meine 30jährigen Vororterfahrungen in das Team einbringen. Als Sachse gebe ich den Niedersachsen Nachhilfeunterricht in Sachen Geografie. Die meisten DDRler kennen ihr Land bei weitem besser als ein Bundi seine Bundesrepublik. Wir kennen sie, 'unsere' Alten, 'eure' Neuen, notgedrungen fast auswendig.

Wichtiger noch als die Heimatkunde, die Führung durch ein 'fremdes Land', erschien mir anfangs die Hilfestellung in Sachen Verhaltensweisen - beim Begutachten der Speisekarte in 'volkseigenen' Restaurants, beim einfühlsamen Umgang mit Alu-Chips und Westgeld, beim Telefonieren. Also überall dort, wo westliches Überlegenheitsgefühl leicht in Überheblichkeit und verletzenden Zynismus umschlägt. Denn viele der beklagten Animositäten zwischen 'Bundis' und 'Ossis' haben ihre Ursache in Unkenntnis und mangelnder Bereitschaft, den anderen zu verstehen.

Wo immer wir mit unserem knallblauen Ballon landeten, es war jedes Mal verblüffend, wie

Winterlandschaft Sächsische Schweiz

viele Leute binnen Minuten zusammenkamen. Für uns Verfolger wurden die letzten Meter oft zum Wettlauf mit Mokicks und Trabbis. Denn dies war (abgesehen von einigen Städten) für die Leute der erste Ballon seit Jahrzehnten. „Der letzte Ballon ist vor 45 Jahren hier vorbeigekommen", meldete ein alter Bauer gleich nach unserer Landung bei Eisenach. Damals hatte ihn die Besatzung gefragt, wo sie gelandet waren. Auch Karl und Michael hatten bei diesem Flug über die Wartburg eine kleine Schrecksekunde: Nördlich von Eisenach lagen plötzlich ein Grenzwachtturm und die üblichen Betonplattenwege unter ihnen – aber die Grenze weit weg: die Überreste einer 'Übungsanlage' der DDR-Grenztruppen.

Ein Jahr Kreuzfahrten durch den Osten Deutschlands brachte dem Team Einblicke hinter die DDR-Kulissen, führten sie in Ecken, in die nur wenige Altbundesbürger ihre gelackten Karossen lenkten. Auch für mich waren diese Heimatreisen nicht ohne Schlüsselerlebnisse. Als Kind dieser Republik, als jungem Diplomingenieur für Kraftwerkstechnik waren mir die Braunkohlegruben und Kraftwerke wohl vertraut, die Problematik, die katastrophale Umweltverschmutzung. Aber Theorie und Realität klaffen weit auseinander. Resultat eines grenzenlosen Raubbaus und einer Vergewaltigung unserer Lebensräume, die von den 'Allgewaltigen' des DDR-Staates mit der Losung „Überholen ohne Einzuholen!" begründet wurden.

Wolkenberg in der Nähe von Schwarze Pumpe erschütterte. Welche Gegensätze offenbaren schon die Namen? Seit zwei Jahren ein Geisterdorf, entseelt, seine Bewohner längst in eine WBS-70-Siedlung umgeschichtet. Nun sind die Dächer Wolkenbergs abgedeckt, die Steinbögen der Kirche für ein Museum herausgebrochen. Die Heckenrosen blühen vielleicht zum letzten Mal, niemand erntet die Apfelbäume. Vor den Baggern werden die Raupen kommen... vielleicht aber auch nicht mehr. Dann starb dieses Dorf „umsonst".

Dieses Ballonbuch über unseren Osten entstand in der Zeit des Umbruchs. Wir haben viel von einander mitbekommen: ich die Spontaneität und Effektivität, aber auch die Hektik der Wessis, Zeit soll Geld sein. Ich habe gelernt, was es heißt, wenn ein Etat im Rücken drängelt. Die Niedersachsen lernten ein wenig die Kunst der Improvisation und sind unfreiwillig immer wieder ins Innere unserer Mentalität vorgestoßen, von der ich in Zukunft so manches nicht missen möchte – Geduld, Zuhören können, Gastfreundschaft, Hilfsbereitschaft.

Zugegeben: ich habe Angst. Eine neue Aufholjagd hat begonnen – wenn auch unter neuen Vorzeichen. Auf der einen Seite ist es wohltuend zu sehen, wie der Verfall gestoppt wird. Fast

alle bedeutenden Kirchen, Dome, Schlösser und Burgen sind eingerüstet – sehr zum Leidwesen des Fotografen. Es gibt viel zu sanieren, viele Lücken im Stadtbild zu schließen. Aber wird es einfühlsam genug zugehen? Wieviel Lebensraum darf für das neue Lebensgefühl verlorengehen?

Jetzt spürt man die DDR noch: in jedem Schlagloch, auf jedem Amt, bei Post und Reichsbahn, in den Betrieben. Auch wenn allerorts versucht wird, sie aus dem Gedächnis zu verdrängen, sie hält sich zäh. Als Staat untergegangen, und in dieser Form werden ihr nur sehr wenige nachtrauern. Als individuelle Erfahrung, als Geschichte, als Lebensform existiert sie weiter – und beileibe nicht nur als Trauma.

Und nu? „Wollt ihr die totale Kopie?" fragt im Dresdener Szenecafe „Stadt Riesa" jemand mit krakeligen Lettern neben der Eingangstür. Die grauen Mauern der Großmarkthalle gegenüber lassen es noch nicht ahnen, die Innenstadt dahinter deutet bereits stark darauf hin. Ja, es wird sich nicht vermeiden lassen, wir sind schließlich doch ein Volk. Ein blödes Volk? Nach vierzig Jahren Verzicht wird nun alles in wilder Hatz nachgeholt, die schlimmsten Macken werden am besten bezahlt und bringen die schnellste Mark.

Der neue Perfektionismus wirkt oft lächerlich, besonders, wenn er nicht klappt. Man sollte darüber lachen und Improvisation zur Tugend erklären. *Money* kann *Time* nicht ersetzen. Zeit ist irreversibel, läßt sich nicht zurückdrehen, nicht nachholen und schon gar nicht kaufen. Das ist eine Hoffnung – nicht alles ist käuflich, auch unsere Erfahrung nicht.

Die Erfahrung DDR kann niemand nachholen, der sie nicht hat. Man kann sich aber Zeit nehmen und Dresden ansehen, bevor es Stuttgart gleichgemacht wird, Hiddensee erlaufen, bevor es Autobahnanschluß hat, mit dem Kahn durch den Spreewald staken, bevor man dort daran glaubt, daß sich Motorboote besser „rechnen", durch die Märkische Heide radeln, bevor die Hauptstädter sie mit Buggis und Ranchrovern pflügen oder die Stille im Thüringer Wald genießen, bevor der Rennsteig Motocross-Strecke wird. Und hoffentlich merken – da war doch noch was oder besser: da ist noch was!

Denen der Osten die Heimat ist, kann dieses Buch eine neue Perspektive bieten, eine neue Möglichkeit, seine Heimat zu entdecken. War doch die Perspektive aus der Luft bisher „staatsfeindlich", weil spionage- und fluchtverdächtig. Die ungenutzten Möglichkeiten bergen neue Möglichkeiten. Wir müssen sie selbst suchen und entdecken, damit die Heimat uns nicht fremd wird. Sie hat unsere Liebe nötig, denn „es ist deutsch in Kaltland" (Toilettenspruch in einem Szenelokal der Dresdener Neustadt). Wer will das schon? ◀

Karl Johaentges
Fotos aus dem Weidenkorb

Dies ist mein erster Bildband ohne Menschen. Länderbildbände ohne Einheimische wirken auf mich nur selten überzeugend. Die Vogelperspektive allerdings eröffnet so neue Blickwinkel und Motive der ehemaligen DDR, daß es mir leichtfiel, auf die Darstellung ihrer Bewohner zu verzichten.

Dieser Bildband ist auch ein Versuch, die Luftfotografie mit der klassischen Landschaftsfotografie zu verbinden. Luftfotografen wie der Schweizer Georg Gerster sind vor allem durch ihre dramatische Senkrechtfotografie bei schrägstehender Sonne berühmt geworden. Gersters wunderbar grafische, oft fast plastische Luftbilder gelingt es überzeugend, das Wesentliche einer Landschaft, unseres Planeten Erde, zu vermitteln.

Die herkömmliche Luftfotografie vieler Bildbände hingegen empfinde ich in der Regel als sehr unbefriedigend. Aus großer Höhe schräg nach unten zu fotografieren, ohne Horizont, ohne Tiefe, läßt nur selten Stimmung auf den Betrachter überspringen. Ich versuche deshalb soweit möglich den Horizont ins Bild einzubeziehen, denn der Horizont vermittelt den Bildern die gewünschte Dreidimensionalität und Tiefe.

Übliche Luftaufnahmen sind häufig deshalb so leblos, weil sie in greller Mittagssonne oder gar bei bewölktem Himmel, ohne Schräglicht und Schattenkonturen entstehen. Bei der Ballonfahrt hingegen liegen die Interessen von Pilot und Fotograf sehr eng beieinander. Der frühe Morgen und der späte Nachmittag produzieren nicht nur thermikfreie Luftbewegungen, sondern auch optimales Licht. Wenn die schrägstehende Sonne die Landschaft mit ihren langen Schatten in ein besonders plastisches Licht hüllt, dann hat sie auch ihre thermische Kraft verloren, welche dem Ballonfahrer so gefährlich werden kann.

Andererseits widersprechen sich die Interessen von Fotograf und Ballonchauffeur. Denn bei schwachem Wind (idealem Ballonwetter) kann der Dreck unserer Industriegesellschaft nicht in große Höhen entweichen, sondern er sammelt sich unübersehbar in niedrigen Höhen innerhalb der Inversionsschicht. Folge: die Sicht ist stark eingeschränkt und schon nach wenigen hundert Metern fotografisch nicht mehr brauchbar. Bei klarer Sicht bläst der Wind hingegen recht frisch und wenn man mit dem Ballon überhaupt an den Himmel kommt, hat man als Fotograf alle Hände voll zu tun, um kein Motiv zu verpassen.

Das Fotografieren aus dem Ballon ist keine normale Luftfotografie, es erzwingt nicht nur eine andere Arbeitsweise, sondern auch eine besondere Sichtweise. Bilder können nur sehr eingeschränkt „geplant" werden, denn bei einem Heißluftballon ist nur die Höhe steuerbar, jedoch nicht die Richtung. Der Wind – allein er – bestimmt die Richtung, das Ziel ist unbekannt – oder anders gesagt: „Der Weg ist das Ziel". Trotz genauer Planung überrascht eine Ballonfahrt immer wieder mit Bildern des Zufalls.

Ansonsten sind die Arbeitsmöglichkeiten optimal. Die Sicht aus dem Korb ist weitgehend uneingeschränkt: kein Türrahmen, kein Klappfenster stört oder begrenzt das Bild. Lautlos treibt unsere Plattform wie ein mobiler Aussichtsturm über die Landschaft. Nur der Brenner erzeugt hin und wieder ein paar Vibrationen. Ansonsten ist es still, windstill, denn wir bewegen uns ja mit der Geschwindigkeit des Windes. Ideal auch für die Fotografie mit langen Brennweiten, im Grunde genommen mit jedem Objektiv, das man ohne Stativ einsetzen kann.

Dieses Arbeiten auf einem sich mehr oder weniger schnell bewegenden Aussichtspunkt macht die Bilder zu unwiederholbaren Unikaten. Und das macht das Fotografieren aus dem Ballon so anstrengend, ja zuweilen stressig. Jede vertane Chance ist unwiderruflich verloren.

Die Fotografen in der „Graf Zeppelin", die zwischen 1929 und 1933 Deutschland aus der Luft ablichteten, hatten es damals besser, denn ein Zeppelin ist lenkbar. Diese Vorkriegsbilder aus der 'fliegenden Zigarre' und der Vergleich mit den Städtebildern von heute erfüllen mit Wehmut – Wehmut über die unendliche Zerstörung unserer Städte, unserer Geschichte – durch einen Krieg, den wir Deutschen so mutwillig selbst auf den Plan riefen.

Professionelle Luftfotografie geschieht heute vor allem aus dem Hubschrauber heraus, die Zeiten der Zeppeline sind (u.a. aus Kostengründen) längst Vergangenheit. Auch der Ballon eignet sich nicht für termingerechte Auftragsarbeit.

Die Arbeit im Ballon unterscheidet sich grundsätzlich vom Fotografieren aus dem Helikopter oder einer Cessna. Sicher, im Helikopter oder in einem einmotorigen Flugzeug reicht ein kurzer Wink an den Piloten, um mich nach einer kurzen Schleife wieder in die gewünschte Aufnahmeposition bringen zu lassen. Das Umkreisen der Kreidefelsen von Rügen wäre nur eine Frage von Minuten. Geschwindigkeit und Motorvibration erzwingen allerdings (um die Gefahr des Verwakkelns geringzuhalten) ein Fotografieren mit kurzen Brennweiten und im Falle schlechter Lichtverhältnisse erfordern sie schnelle, grobkörnige Filme. Aufnahmen in der Dämmerung sind fast ausgeschlossen.

Im Ballon komme ich jedoch mit einem 64 Kodachrome oder gar 50-ASA-Film (Fuji Velvia) bei offener Blende selbst kurz vor dem Sonnenuntergang mit einem Weitwinkelobjektiv noch mit einer 30stel-Zeit zurecht. Mit kräftiger Sonne am Horizont und einem schnellen 200er Kodachrome kamen sogar das 250-mm-Tele zum Einsatz und bei einigen wenigen Gelegenheiten verdoppelte ich ein 180-mm-Tele mit einem Konverter auf 360 mm und produzierte verwacklungsfreie Bilder.

Um in jeder Situation schnell zu sein, um den Wechsel von Objektiven auf ein Minimum zu reduzieren, arbeitete ich mit vier LEICA-R4s bzw. RE-Gehäusen mit meinen (sturzbewährten) Leica-'Standardobjektiven': 2.8/19 mm, 2.8/28 mm-Shift, 3.5/35–70-mm-Zoom und 180-mm-Tele. In Wartestellung war noch ein leichtes lichtstarkes 2.0/90-mm-Tele und

Vor Ketzin trifft der Havel-Kanal auf den Sacrow-Paretzer Kanal

Agrarlandschaft, Mähdrescher auf Rügen

mein vielbenutztes 4/250-mm-Tele. Zwei Winder sorgten für rasanten Filmtransport. An Filtern kamen nur Skylight-Filter zum Einsatz und in einigen Fällen auch ein Polfilter, um den Dunst zu reduzieren.

Vor allem das Shift-Objektiv erwies sich als unverzichtbar. Diese Spezial-Objektive kommen vor allem in der Architekturfotografie zum Einsatz, um zu verhindern, daß sich Kirchturmspitzen und Türme nach innen zu Bildmitte neigen, wenn man die Kamera nach oben kippt. Das PC-Super-Angulon vermeidet durch Verschiebung der optischen Achse im Objektiv das Auftreten stürzender Linien.

In der Landschaftsfotografie aus der Luft erscheint mir der Einsatz von starken Weitwinkel-Objektiven in der Regel recht unproblematisch. Die Natur betont nicht die Vertikale. Anders ist es beim Überfliegen von Städten, denn das Kippen der Kamera läßt Hochhäuser und Kirchtürme nach außen fliehen. Hier schlägt die Stunde meines Architektur-Shift-Objektives. In der Achse nach unten geschoben erscheinen die Vertikalen wieder senkrecht. Aber das hat auch seinen Preis. Um bei starkem Shiften die Schärfe über das ganze Bild zu gewährleisten, muß man stark abblenden und erhält Belichtungszeiten, die nur noch aus dem Ballon zu bewältigen sind.

Bislang habe ich nur vom „Fliegen" oder „Fahren" gesprochen, nicht vom Landen. Sanft im Windschatten eines Waldes oder holprig über einen Acker machen einen Unterschied. Auch für die Ausrüstung, die einem am Hals hängt. Sie wurde kurz vor der Landung in einer stabilen Alukiste verstaut. Denn bei einer Landung mit 40–50 km/h (so geschehen im Winter in der Sächsischen Schweiz), wenn der Korb über mehrere hundert Meter waagerecht über eine Wiese oder einen abgeerneteten Acker gezerrt wird, hat man mit sich selbst genug zu tun und 4 Kameras am Hals sind schlicht lebensgefährlich.

Dies war mein bislang schwierigstes, intensivstes Bildbandprojekt. Beim Fotografieren aus dem Ballon kommen viele unberechenbare Faktoren zusammen: Licht, Sonne, Bewölkung, Windgeschwindigkeit und Windrichtung. Nur das Können eines erfahrenen Piloten (mit genereller Außenstartgenehmigung) bietet zumindest die Chance, eine Bildidee zu verwirklichen.

Unsere Arbeit mit dem Ballon erforderte vor allem eine genaue Vorplanung, Bestimmung der Zielpunkte, Abwägung der Möglichkeiten und Schwerpunkte. Denn diese Bilder – so zufällig sie auch sind – entstanden zuerst im Kopf: nach Literaturstudium und langen Diskussionen mit DDRlern, durch Vorbereitung mit Hilfe von genauen Generalstabskarten, Flugkarten, Bildbänden und nicht zuletzt den hervorragenden Merian-Heften über die fünf Neuen.

Begonnen hatten wir im Sommer 1990. Ein schwerer Arbeitsunfall Anfang September 90 (aufgrund eines technischen Versagens wurde ich bei Fotoaufnahmen aus fünf Meter Höhe aus der Beförderungskiste eines Baukrans gekippt und stürzte kopfüber auf Beton) unterbrach das Projekt, ja, hätte es fast vorzeitig beendet. Dieser Unfall machte mich über drei Monate arbeitsunfähig und ich kann von Glück reden, daß ich überhaupt noch eine Kamera in die Hand nehmen kann. Ich wundere mich auch darüber, daß meine Leicas noch reparabel waren – und besonders, daß ich nach diesem Sturz überhaupt noch einmal in einen Ballonkorb steigen konnte. Aber Ballonfahren vertragen selbst Leute wie ich, die nicht schwindelfrei sind.

Über einen Zeitraum von über einem Jahr waren wir zusammenaddiert über zweieinhalb Monate im Osten Deutschlands unterwegs, legten dabei fast 30 000 km zurück, um dieses Buch zu fotografieren. Und letztlich waren wir „nur" 50 Stunden in der Luft.

Oft verhinderte aufkommender Wind den Start, häufig auch eine Wolkenbank, die sich für den Rest des Tages vor die Sonne schob. Manchmal drehte der Wind und wir mußten aufgeben. Wer will schon auf die offene Ostsee hinaustreiben? Im Süden lag die „Trefferquote" niedriger. Viermal waren wir in Bautzen startklar, einem erfolglosen Start folgte eine Superfahrt. Fünfmal standen wir in Dresden, zweimal stiegen wir auf. Aber nicht nur die Elbe ist eine Brühe, auch die Luft ist zum Schneiden dick in diesem Elbflorenz.

Diese enorme Luftverschmutzung im Osten machte mir als Fotograf sehr zu schaffen. Während wir im Norden an der Küste oder in Mecklenburg meist optimale Sicht vorfanden, behinderten weiter im Süden in der Regel Dunst und Dreck die Sicht – vor allem im Winter und Herbst, wenn beißende Braunkohleschwaden über den Städten waberten und sogar das Atmen in luftiger Höhe erschwerten.

Zuletzt bereitete nur noch die Auswahl der Dias Probleme. Tausende von Dias waren auf dem Leuchttisch zu sortieren und zusammenzustellen. Bei der Endauswahl und beim Layout erwies sich die Verwendung von Farbkopien eines Laserkopierers Canon CLC 500 als ausgesprochen hilfreich.

Die Veröffentlichungsrechte für die Luftaufnahmen aus diesem umfangreichen Projekt können über meine Bildagentur erworben werden: LOOK – Die Bildagentur der Fotografen GmbH, Bereiter Anger 15, 8000 München 90, Telefon (089) 65 57 61.

Braunkohletagebau bei Spremberg

„Schwarze Pumpe", Schwarzes Erbe

Martin Ahrends
Geboren 1951 in Berlin-Zehlendorf, aufgewachsen in Kleinmachow (DDR).

Von 1970 bis 1974 studierte er Musik und Philosophie in Berlin (Ost) und arbeitete nach seinem Studium als Redakteur der Monatszeitschrift „Musik und Gesellschaft", später als wissenschaftlicher Mitarbeiter an der Komischen Oper Berlin. Studium am Institut für Schauspielregie in Berlin. 1984 reiste er mit seiner Familie in die Bundesrepublik aus. Heute lebt Martin Ahrends mit Frau Ulrike und fünf Kindern in der Nähe von Hamburg und arbeitet als freier Autor, u. a. für die ZEIT.

Andere Buchveröffentlichungen: *„Das große Geld"* 1988, *„Allseitig gefestigt"* 1989, *„Mein Leben, Teil zwei"* 1989, *„Klirrende Wörter"* 1990, *„Ihr verbrauchten Verbraucher!"* 1991

Karl Johaentges
geboren 1948 in Daun/Eifel.

1968 Abitur am Staatl. St. Matthias-Gymnasium Gerolstein, Diplomstudium der Architektur in Braunschweig und Hannover, von 1976-1981 Arbeit als Architekt in Hannover. Im Jahre 1981 startete Karl Johaentges („Jetzt oder nie!") zu einer dreijährigen Weltreise, in deren Verlauf er auch in Indien, Japan, Hongkong, Australien und Neuseeland als Architekt tätig war.
Nach diesen „architektonischen und fotografischen Wanderjahren" brachte er 1985 im eigenen KaJo-Verlag den vielbeachteten Bildband „Bilder einer Weltreise" heraus. 1986 folgte in Zusammenarbeit mit seiner australischen Partnerin Jackie Blackwood der Bildband „Neuseeland" und 1988 das BilderLesebuch „Lissabon - Hongkong - mit der Eisenbahn", für das sie erstmals den Kodak-Fotobuchpreis erhielten. Diesen wichtigsten Fotopreis für verlegte Fotografie in Deutschland erhielt Karl Johaentges 1990 auch für seinen Bildband „Bilder aus Irland".
Den Beruf des Architekten hat Karl Johaentges mittlerweile in die Schublade geschoben und arbeitet als Verleger und freier Fotograf in Hannover. Seine Reportagen wurden in zahlreichen deutschen und auch internationalen Magazinen veröffentlicht. Arbeitsschwerpunkte des Fotografen sind Reportagen, People-, Länder- und Städteportraits, darüber hinaus Architekturfotografie und Luftfotografie. 1990 gründete Karl Johaentges mit 16 weiteren Fotografen die „Bildagentur der Fotografen GmbH - LOOK" in München.

Michael Albrecht
Geboren 1963 in Stade/Niederelbe.

Nach Abitur und Bundeswehr bekam er 1984 durch den Job in einer Werbeagentur erste Kontakte zur ausländischen Ballonszene. Die Freundschaft zu einem erfolgreichen britischen Wettbewerbspiloten brachte ihn, auf Veranstaltungen kreuz und quer durch Europa ausgebildet, mit der *Private Pilot's Licence no. 607* an den Brenner des Ballons der Nord/LB.
Arbeitet heute als Profi-Pilot und eidgenössisch geprüfter Ballonfahrlehrer. Im Fahrtenbuch stehen Ausflüge mit Journalisten auf 7,3 Kilometer Höhe, Starts aus dem Schloßpark des Ballonfanatikers Forbes, Fahrten am Polarkreis an der norwegisch-sowjetischen Grenze, Alpen- und Pyrenäenüberquerungen, sowie im Rahmen dieses Projekts die erste offizielle Ballonfahrt über Berlin seit über 50 Jahren mit Start vom Brandenburger Tor. Ist mit den Ballonen seiner Firma „Fantasie + Technik" aber auch in und um Hannover unterwegs.

Jan Oelker
Geboren 1960 in Dresden.

Er wuchs 1963 bis 1977 in Cottbus auf. Lehre als Instandhaltungsmechaniker, mit Abitur im Kraftwerk Boxberg. In den 80er Jahren Studium und Arbeit als Diplomingenieur für Kraftwerkstechnik an der TU Dresden. Seit 1990 freischaffend, meist als Fotograf und als solcher Autodidakt.
Seit den Studentenzeiten aktiver Ost-Globetrotter, bereiste mit dem Rucksack alle Sowjetrepubliken. Individuelles Reisen in die SU war auch für die „Freunde aus dem sozialistischen Ausland" fast unmöglich. Mit Hilfe von Transitvisa (nach Rumänien) schlugen sich Jan und seine Freunde bis in die Weiten Sibiriens durch. „UdF-Reisen" hießen diese illegalen Trips nach Osten - "Unerkannt durch Freundesland". In Sibirien lernten sich Jan Oelker und Karl Johaentges kennen. Zur Zeit der Drucklegung dieses Bildbandes brach Jan Oelker zu einer mehrmonatigen Expedition zur vulkanübersäten Halbinsel Kamschatkar im Nordosten der SU auf.

NORD/LB
LANDESBANK

Unser Programm:

die besonderen Bildbände!

Ausgezeichnet mit dem KODAK FOTOBUCHPREIS

Hardcover, 156 Seiten mit 140 Farb- + S/W-Fotos
ISBN 3-925544-05-4 **DM 48,–** Kodak-Buchpreis 91

Hardcover, 184 Seiten mit 170 Farb- + S/W-Fotos
ISBN 3-925544-00-3 **DM 39,80**

Hardcover, 156 Seiten mit 190 Farb- + S/W-Fotos
ISBN 3-925544-01-1 **DM 39,80**

Ausgezeichnet mit dem KODAK FOTOBUCHPREIS

Hardcover, 180 Seiten mit 156 Farb- + S/W-Fotos
ISBN 3-925544-04-6 **DM 48,–** Kodak-Buchpreis 90

Hardcover, 156 Seiten mit 140 Farb- + S/W-Fotos
ISBN 3-925544-15-1 **DM 48,–**

Hardcover, 156 Seiten mit 140 Farb- + S/W-Fotos
ISBN 3-925544-10-0 **DM 48,–**

Ausgezeichnet mit dem KODAK FOTOBUCHPREIS

Hardcover, 180 Seiten mit 170 Farb- + S/W-Fotos
ISBN 3-925544-02-X **DM 39,80** Kodak-Buchpreis 88

Hardcover, 156 Seiten mit 140 Farb- + S/W-Fotos
ISBN 3-925544-06-2 **DM 48,–**

Hardcover, 192 Seiten mit 150 Farb- + S/W-Fotos
ISBN 3-925544-07-0 **DM 48,–**

Hardcover, 108 Seiten mit 94 Farbfotos
ISBN 3-925544-16-X **DM 36,–**

Hardcover, 108 Seiten mit 100 Farb- + S/W-Fotos
ISBN 3-925544-09-7 **DM 36,–**

Hardcover, 184 Seiten mit 150 Farb- + S/W-Fotos
ISBN 3-925544-14-3 **DM 48,–**

Auslieferung Deutschland: ILH Geo Center - Schweiz: AVA/Buch 2000 Affoltern - Österreich: ROBO Verlag Wien

Kalo Verlag Hannover · Lichtenbergplatz 8 · 30449 Hannover · Tel. 0511/4582337 · Fax 0511/454379